O LIMITE
INVISÍVEL

JORGE KOTZ

O LIMITE INVISÍVEL

O SUCESSO ESTÁ ALÉM DOS LIMITES

PREFÁCIO DE FELIPE TITTO

O limite invisível
Copyright © 2023 by Jorge Kotz
Copyright © 2023 by Novo Século Editora Ltda.

Editor: Luiz Vasconcelos
Gerente editorial: Letícia Teófilo
Organizaçao de conteúdo e edição: Thaynara Freitas
Preparação e revisão: Driciele Souza
Projeto gráfico: Luiz Aggio
Artes e ilustração de capa: Lucas Pereira
Composição de capa: Ian Laurindo
Diagramação: Amanda Girotto

Texto de acordo com as normas do Novo Acordo Ortográfico da Língua Portuguesa (1990), em vigor desde 1º de janeiro de 2009.

Dados Internacionais de Catalogação na Publicação (CIP)
Angélica Ilacqua CRB-8/7057

Kotz, Jorge
O limite invisível : o sucesso está além dos limites / Jorge Kotz. -- Barueri, SP: Novo Século Editora, 2023.
184 p.

ISBN 978-65-5561-665-1

1. Empreendedorismo 2. Negócios 3. Desenvolvimento profissional I. Título

23-4910   CDD 658.4012

Índice para catálogo sistemático:
1. Empreendedorismo

GRUPO NOVO SÉCULO
Alameda Araguaia, 2190 – Bloco A – 11º andar – Conjunto 1111
CEP 06455-000 – Alphaville Industrial, Barueri – SP – Brasil
Tel.: (11) 3699-7107 | E-mail: atendimento@gruponovoseculo.com.br
www.gruponovoseculo.com.br

PREZADO LEITOR

Esta obra não é um típico livro motivacional. Talvez você acredite que possa encontrar frases que buscam demonstrar que sua mente pode estar sabotando suas ações. Meu propósito vai além de oferecer frases inspiradoras de coach a fim de motivá-lo de alguma forma. Ao longo desta leitura, será possível, sim, encontrar momentos que o motivem, mas o que eu realmente desejo é apontar os obstáculos que estão atualmente limitando sua capacidade de superar obstáculos e atingir o tão desejado sucesso. Quero ser o guia que o acompanha pelos desafios que se apresentam em seu caminho como empreendedor.

Muitos dessas barreiras podem estar invisíveis. A verdade incontestável é que todos crescemos carregando crenças que foram instaladas em nós, as quais nos levam a acreditar que temos um limite máximo a ser alcançado. No entanto, é importante frisar que nosso potencial ultrapassa em muito essas linhas. Lembro-me das várias ocasiões em que subestimei minha própria capacidade, em contraste com a pessoa que sou hoje.

Entenda uma coisa: empresários que desejam gerar uma diferença significativa não se dedicam a motivar com frases de impacto. Eles não somente transformam suas próprias vidas, como também transformam famílias. Por isso, asseguro que neste livro encontrará o mapa que o guiará rumo ao topo do seu sucesso de modo a impactar a vida de todos que estão ao seu redor. Seja sua família, seus filhos ou seus colaboradores.

Desfrute a leitura, porém, mais significativamente, desfrute a jornada que ela representa, e perceba que o seu sucesso está além dos limites que você estabeleceu até o momento.

Jorge Kotz.

AGRADECIMENTO

Certamente, dedicaria este livro a inúmeras pessoas que desempenharam e continuam a desempenhar papéis significativos em minha jornada, a fim de que fosse possível a existência deste volume até sua chegada nas mãos dos leitores. São pessoas especiais que guardo com carinho em meu coração e que verdadeiramente mereceriam ter seus nomes eternizados nestas páginas (como meu pai, minha mãe e minha fraternidade), especialmente por ser este o meu primeiro livro solo. No entanto, neste momento, dedico esta obra a todos os pequenos e médios empresários que contribuíram para minha trajetória até onde me encontro hoje.

Ao longo dos últimos anos, esse número cresceu para quase 150 mil mentes. São 150 mil mentes de empresários que tiveram contato com meu conteúdo de alguma maneira. Desde a primeira pessoa que acreditou em mim e adquiriu meu primeiro curso há seis anos, até cada pessoa que se beneficiou das informações que compartilhei nos palcos, em lives, em treinamentos e mentorias. É para essa multidão de pessoas determinadas que dedico a realização do meu primeiro livro.

Carrego uma imensa gratidão a Deus por ter atingido patamares tão elevados. No entanto, posso assegurar que todas essas conquistas não teriam significado algum se eu não tivesse contribuído para o crescimento e sucesso de tantos outros indivíduos.

Ver meu propósito se concretizar reforça minha crença de que qualquer boa intenção, quando acompanhada de uma boa gestão, esforço, capacitação e fé, tem o poder de nos levar a ultrapassar limites antes inimagináveis, superando barreiras que eram invisíveis aos olhos.

Agradeço por fazerem parte dessa história. Vocês são o alicerce que me sustentou ao longo desses anos. Continuem contando comigo.

Jorge Kotz

PREFÁCIO

A expressão "de caso pensado" normalmente carrega uma carga negativa, de apontamentos e juízo de valor. Com minha experiência até agora, a partir das histórias que já ouvi de grandes nomes de sucesso, todos os acontecimentos de caso pensado carregam uma vida de esforço, trabalho duro e muito estudo para traçar uma rota certeira rumo à prosperidade. Ou seja, ações boas para um resultado bom. Jorge Kotz faz isso, traçou um mapa de ações e não se permite desviar de seu foco. E, mais importante que isso, ele compartilha o trajeto desenhado em seus eventos e escreve um caminho construído mentalmente pra ajudar afinar o faro de quem está buscando o grande pulo do gato. Ele faz tudo de caso pensado.

Se eu puder dar uma razão para você continuar a leitura é: cerque-se de pessoas que constroem uma vida de êxitos e seja mais um a fazer de uma expressão tipicamente ruim seu sucesso.

Felipe Titto

SUMÁRIO

INTRODUÇÃO
EM TODA CRISE TEM ALGUÉM QUE SE DESTACA
12

01
A MINHA ESCALADA
26

02
PERFIL DAS PESSOAS QUE CHEGAM AO TOPO
46

03
O CICLO DA FALÊNCIA
58

04
FAZER O QUÊ E COMO?
90

05
DESVENDANDO O PROTOCOLO X TREME
110

06
PEQUENOS E MÉDIOS EMPREENDEDORES:
A CHAVE DA ECONOMIA BRASILEIRA
164

CONCLUSÃO
177

INTRODUÇÃO

EM TODA CRISE TEM ALGUÉM QUE SE DESTACA

INTRODUÇÃO: EM TODA CRISE TEM ALGUÉM QUE SE DESTACA

Quantos anos você tinha quando começou a escutar a frase "crise financeira no Brasil"? Desde a minha infância, tenho ouvido essa expressão repetidas vezes. Hoje, posso afirmar que estamos enfrentando uma crise financeira que não pode ser negada. O impacto econômico causado pela pandemia de Covid-19, que ainda estamos enfrentando em 2023, é uma prova concreta disso. Inúmeras pessoas saíram desse cenário que assombrou o Brasil acreditando que nada, economicamente falando, pudesse acontecer. No entanto, a verdade é outra. Além das dificuldades ocasionadas pela pandemia, outra crise se abateu sobre nós, amplificando ainda mais os desafios. Em outubro do ano passado, vivemos uma agitação política muito grande, gerando tensões que levaram a pausas prolongadas nos negócios de muitos empresários após o resultado das eleições. Muitos desses empresários estenderam essa pausa por mais tempo que deveriam, certamente acelerando a crise financeira e tornando-a ainda maior.

Em tempo de desequilíbrio econômico, o dinheiro não para, ou simplesmente desaparece. Ele continua em movimento, apesar de perder um pouco de seu valor por conta da inflação. Nesse contexto, os consumidores tendem a priorizar apenas compras essenciais. Como mentor e criador do X Business, maior imersão de negócios e networking da América do Sul, busco instruir e ensinar empreendedores a tornarem seus negócios essenciais para o público. A pergunta-chave é: você está vendendo algo que o seu público considera indispensável?

Embora eu acredite que as crises se perpetuem e os desafios do mundo corporativo persistam, é fundamental adaptar-se diante dessas situações adversas. Para isso, identifico duas medidas cruciais:

1. **Prevenção estratégica:** antecipar-se à crise é vital, mas isso não significa cortar investimentos essenciais, como marketing. O marketing é frequentemente subestimado, mas é uma ferramenta essencial para reerguer o seu negócio em momentos difíceis.

2. **Tornar-se essencial para o público:** em tempos de crise, aqueles que se destacam são os que

oferecem algo indispensável, o que você precisa é tornar-se essencial para o seu público.

A crise ainda afeta muitos empreendedores e, sem dúvida, a falta de informações e conhecimentos adequados pode complicar ainda mais a situação. No entanto, é uma verdade inquestionável que, em toda crise sempre surgirá alguém que se destaca. Dessa forma surgem novos mentores, empreendedores, players do mercado etc. O dinheiro não para. Ele permanece em movimento, mas existem algumas pessoas que ficam estagnadas, consequentemente interrompendo o fluxo de dinheiro para elas.

Imagino a economia como uma fonte com vários canais que distribuem dinheiro para pessoas, negócios e empresas. Se você não agir e não limpar esses canais, eles podem acumular resíduos e entupir, interrompendo o fluxo de dinheiro e levando à falência.

Essa jornada do empreendedor pode ser comparada à jornada dos alpinistas Edmund Hillary e Tenzing Norgay, os primeiros a alcançar o topo do Monte Everest. Eles dedicaram anos para estudar, treinar e adquirir o conhecimento necessário para realizar aquele feito. Certamente enfrentaram inúmeras adversidades, provações e tiveram motivos para abandonarem o projeto, mas persistiram até alcançar o cume. Tantos outros alpinistas literalmente morreram, outros desistiram no caminho, incapazes de suportar as dificuldades e as crises que surgiram.

O mundo dos negócios não difere muito dessa narrativa. Algumas pessoas abrem um negócio pela paixão e, por conta disso, dificilmente estudam antes de transformar aquele empreendimento real e, somente lá em frente, quando surgem as crises, percebem que abrir um negócio vai muito além do imaginado.

Pequenos e médios empreendedores enfrentam inúmeros desafios, especialmente em relação ao marketing e às vendas. Se esses aspectos não estiverem bem estruturados, os empreendedores podem ficar sobrecarregados. Sem vendas, não há capital para cobrir despesas e, sem um marketing sólido, as vendas ficam comprometidas.

Entender que vendas e marketing estão interligados é essencial para obter resultados sustentáveis. Aumentar o fluxo de caixa requer estratégias bem definidas, métodos eficazes e foco em seu negócio. Assim como fizeram os alpinistas Hillary e Norgay, é preciso unir planos específicos, métodos eficientes, além de muito foco para alcançar o cume do Monte Everest.

A verdade é que, ao enfrentar a incerteza das crises financeiras e a solidão do mundo empresarial, você está moldando a história do seu próprio sucesso. A cada desafio superado, você se torna mais resiliente, mais inteligente e mais apto a enfrentar o que vier. Aprenda com as dificuldades, ajuste sua rota quando necessário e mantenha a visão do seu objetivo final.

Lembre-se de que, enquanto o mundo dos negócios é repleto de altos e baixos, é nos momentos de adversidade que as mudanças mais impactantes podem surgir. Aqueles que se destacam são os que persistem, acreditam e mantêm viva a paixão pelo negócio. Assim como os alpinistas destemidos que desbravaram o Everest, você também pode conquistar picos aparentemente impossíveis.

Portanto, empreendedor, continue firme, ajuste suas estratégias conforme o necessário e mantenha sua visão clara. As tempestades que você enfrenta hoje podem ser a preparação necessária para a sua conquista de amanhã. E nunca se esqueça de que em cada crise, há alguém que se destaca, e você pode ser o próximo.

O topo aguarda aqueles que se preparam e acreditam no poder de transformar desafios em conquistas. Continue escalando e pense que, a cada passo, estará mais próximo do sucesso almejado. E, em última análise, é a jornada o que define o verdadeiro significado do sucesso.

FOI A MINHA SEDE POR IMPULSIONAR PESSOAS QUE GEROU RESULTADOS EM MEUS NEGÓCIOS.

Sempre fui uma pessoa que buscava fazer a diferença por onde passava, então em tudo o que fazia e faço, busco entregar o meu melhor. Além de fazer a diferença, eu queria também causar impacto positivo. Isso está dentro de mim desde muito novo.

É nos momentos de adversidade que as mudanças mais impactantes surgem.

Mesmo quando eu era contratado e trabalhava como empregado, eu executava tudo com muita excelência, fazendo a diferença ali mesmo, naquele lugar. O único problema é que, apesar de fazer isso, eu sentia um vazio gigantesco dentro de mim, como se algo estivesse faltando. A diferença que eu fazia gerava impacto apenas no meu chefe, o qual estava comigo todos os dias. Mas eu queria mais. Eu sabia que poderia fazer mais.

Foi quando percebi que trabalhando para os outros eu até poderia fazer a diferença, mas não seria algo grandioso como eu realmente desejava. Então, percebi a necessidade de empreender.

Hoje vivo e respiro esse mundo do empreendedorismo. Quando estou nos palcos palestrando – que é exatamente o que mais amo fazer – sinto como se eu não estivesse mais no controle, entro em um estado de concentração total e surreal, capaz de gerar uma conexão tão forte e genuína com a plateia como se eu tivesse nascido fazendo aquilo, é algo inexplicável. Acredito que isso acontece quando fazemos o que realmente amamos. Posso afirmar que nem nos meus maiores sonhos estaria vivendo o que vivo hoje, graças a uma escolha a qual me levou a ter a certeza de que nasci para fazer o que faço. Realmente nasci para isso.

Quando decidi empreender, entrar nesse mundo louco, mas muito gratificante, vi que tinha o conhecimento, mas não tinha o "como fazer", não sabia como compartilhar toda aquela sabedoria. Afinal, uma coisa é compreender, outra é repassar o que entende.

Pensando nisso, percebi que eu precisava fazer uma coisa: começar! Foi quando iniciei os meus treinamentos, workshops e pequenas palestras pelas cidades do Paraná.

As coisas foram tomando forma, comecei a fazer o meu nome, mesmo aos poucos. O incrível desse processo é que sabia onde gostaria de chegar; meu negócio foi crescendo como consequência e fruto de muito trabalho.

Enfim chegou o grande dia! Realizei meu primeiro evento, o Impulsão Digital. Subi no palco e, diante daquela multidão, foi inevitável o misto de sentimentos. Olhei para aquelas pessoas e pensei: "É realmente isso que eu quero para minha vida!".

Foi a partir do Impulso Digital que eu e todo o Grupo X começamos a focar nossas energias na realização desse tipo de evento. Além de estar na linha de frente, trago comigo outras pessoas para fazer parte desse movimento.

O X Business, a maior imersão de networking e negócios da América do Sul, é a nossa maior conquista.

Criar e carregar um evento desse porte requer muita responsabilidade e confiança no trabalho que você exerce. Meu maior prazer hoje com o X Business é saber que, com certeza, as pessoas entrarão de um jeito no primeiro dia e sairão de outro no último.

Não é sobre mostrar para as pessoas o quanto sou "foda". Quando subo no palco, não fico me vangloriando ou falando dos meus resultados. Meu maior objetivo é simplesmente tentar abrir os olhos das pessoas para que elas enxerguem o mundo de uma outra forma, que as possibilite conquistar os seus desejos. Não quero levar as pessoas somente a sonhar, quero contribuir para a realização de seus maiores sonhos por meio do sucesso de seus negócios.

CAPÍTULO 01

A MINHA ESCALADA

Por um momento, certo dia pensei estar em minha melhor fase como empresário. Eu já faturava 800 mil reais por ano, o que parecia ser muito bom. Talvez você pense: "ah, mas já faturei muito mais que isso." Mas acredite, com a mentalidade medíocre que assombra muitos brasileiros, algumas pessoas até diriam que faturar 800 mil reais por mês é muita ganância.

Sei que você não se encaixa nesse grupo e que, assim como eu, sabe como, em muitos casos, quanto mais dinheiro ganha, mais pessoas pode ajudar. E foi pensando nisso, no motivo pelo qual nasci, que decidi buscar estratégias viáveis para impactar mais vidas e, como consequência, aumentar meu faturamento. Só não sabia que o salto seria tão grande e em tão pouco tempo.

Antes de prosseguir, quero te dizer algo importante: não pense que sou do tipo de pessoa que fica "enchendo linguiça" para te convencer de que sou "foda". Durante minha trajetória, sempre busquei compartilhar o máximo de conhecimento possível para ajudar as pessoas, e tenha certeza de que isso não vai mudar. Meu propósito vai além de encher o meu bolso de dinheiro e faturar milhões por ano, meu objetivo é impulsionar o crescimento das pessoas e, por consequência, fazer o meu negócio crescer. Portanto, o conteúdo deste livro é valioso, único e exclusivo. Por meio dele, vou mostrar o que fiz para chegar onde estou hoje.

As estratégias que desenvolvi possibilitaram um salto gigantesco no meu faturamento, passando de "meros" 800 mil reais para 9,2 milhões de reais por ano – digo "meros", porque Deus tem abençoado meu negócio a tal ponto que meus números quadruplicaram em apenas doze meses.

Você pode estar se perguntando: "mas qual é o negócio do Jorge, afinal?". Bem, se pudesse resumir em poucas palavras, diria que meu negócio é impactar, impulsionar e ajudar outras pessoas a escalarem seus negócios. Nasci com esse propósito, e é por isso que este livro está em suas mãos.

As estratégias que venho utilizando ao longo dos anos se resumem em três regras extremamente importantes que me permitiram dar esse salto em tão pouco tempo. Foi um crescimento incrível, não apenas em números, mas também pessoal. Ao longo desse caminho, aprendi muito e continuo aprendendo. Aquele garoto que, há pouco tempo, fazia lives durante a pandemia para tentar salvar seu negócio, transformou-se em um homem jovem e maduro, cada vez mais certo de que seu lugar é estar junto às pessoas, gerando transformação na vida e no negócio delas.

Uma das melhores sensações é poder olhar para trás e perceber o quanto melhorou como pessoa, o quanto amadureceu e a quantidade de vidas impactadas ao longo da trajetória. Isso é impagável.

Obviamente, nem todas as pessoas que encontramos no caminho estão alinhadas com o nosso propósito. Às vezes, é preciso se afastar daqueles que não vibram na mesma frequência. Muitas vezes essa escolha será difícil, mas quando se tem clareza de seu propósito e de onde deseja chegar, o distanciamento acontece naturalmente. É como água e azeite, impossível de misturar.

Por outro lado, o oposto também é verdadeiro. Caminhar ao lado de pessoas com o mesmo propósito e que te impulsionam é fundamental para o seu crescimento. Devo muito da minha evolução às pessoas que estão – e algumas que já estiveram – ao meu lado. O reflexo dos benefícios dessa empreitada são os resultados que tenho alcançado. Resultados estes que também são efeitos de muito trabalho, foco, dedicação e capacitação ao longo dos anos para poder compartilhar um conteúdo rico, sólido e gerador de transformação.

Criei estratégias pensando nos empresários que desejam escalar seus negócios e aumentar seu faturamento duas ou até dez vezes mais. É totalmente possível tornar esse desejo realidade, seguindo regras simples e efetivas. Não se trata de um truque mágico que o tornará milionário da noite para o dia, mas tenho certeza de que, se seguir as orientações, alcançará os resultados que desejados.

UM DIA VOCÊ ACREDITOU QUE DARIA CERTO

Depois de ler até aqui, você deve estar pensando: "com certeza o Jorge injetou muito dinheiro, fez um alto investimento nesse negócio e por isso colheu esse resultado surreal. Além disso, deve ter mudado completamente seu empreendimento para algo de fácil escalabilidade." Bom, sinto dizer que não! Não investi rios de dinheiro e não precisei mudar meu negócio para algo mais fácil de escalar. E você também não precisa fazer isso.

É comum ver hoje em dia diversos "gurus do mercado" afirmando que basta criar um produto digital para se tornar um milionário. Isso não passa de falácias que, infelizmente, têm saturado o mercado. Costumo dizer aos meus mentoreados que marketing digital não salva produto ruim. Portanto, não adianta criar um produto e achar que, por estar no digital, conseguirá faturar milhões de reais facilmente. Esses gurus ganham dinheiro vendendo cursos com promessas ilusórias, pois sabem que a maioria das pessoas que adquire cursos pela internet nem os assiste, com isso, ninguém vai saber mesmo que não é tão simples assim, não é verdade?

A nova onda diz: "faça eventos, torne-se um palestrante e mude sua vida." Alguns deles sequer têm noção do que estão falando, e não se preocupam com a responsabilidade da mensagem que passam para sua audiência. Claro que não estou generalizando, existem profissionais excelentes, com provas sociais reais de sucesso e responsabilidade em suas falas.

Quando decidi compartilhar meu conhecimento e dar o acesso às informações importantes que tinha para o máximo de pessoas possível, escolhi não ser apenas mais um no mercado. Meu objetivo é gerar transformação nos negócios das pessoas, e não revolta. Por isso, afirmo com convicção que a única coisa a se fazer é focar o seu negócio. Continue acreditando como fez no começo.

Ao tomar a decisão de abir o seu empreendimento, você acreditou nele, dedicou tempo, energia e esforço para fazê-lo dar certo. O tempo passou, e ele está consolidado, mas estagnou e não foi possível escalá-lo a partir de um determinado momento. Você, com o conhecimento que tem e a expertise adquirida ao longo dos anos trabalhados, chegou ao limite do crescimento, não consegue gerar um faturamento maior. Se analisar o cenário, verá que o que foi construído e um dia mereceu a sua crença também merece hoje seu foco total para buscar novas estratégias e torná-lo ainda maior. Se acreditou e chegou até aqui, é porque tem um histórico consolidado e provas de seu funcionamento.

A mesma regra se aplica se você está começando um negócio agora e acredita que pode dar certo. Talvez esteja achando o conteúdo desta leitura "mágico" demais, talvez esteja lendo este livro como a última chance de buscar algo para escalar ou até mesmo, salvar o seu negócio. Meu desejo é que essa seja realmente a última coisa necessária a se fazer e que daqui para frente seu negócio voe e alcance resultados jamais vistos.

MONTE EVEREST – O IMPOSSÍVEL ESTÁ NA SUA CABEÇA

Enquanto escrevo este livro, me pego novamente pensando na história do Monte Everest, do qual dois homens, Edmund Hillary e Tenzing Norgay, foram os primeiros a atingir o cume.

Imagine uma montanha gigante, com mais de oito mil metros de altura, um enorme e verdadeiro desafio. Foi no dia 29 de maio de 1953, após muitos anos sonhando com aquele momento, que Hillary e Norgay chegaram ao topo. Foram sete semanas enfrentando frio, fome, medo e tantos outros empecilhos para que este marco se tornasse possível. Situações que, com certeza, os levaram a várias vezes pensar em desistir. Quarenta e nove dias foi o tempo que eles puderam provar para o mundo que o impossível está em nossa cabeça.

Antes deles, muitos outros exploradores tentaram mais de trinta vezes chegar ao pico do Monte Everest e por conta disso, até aquela data, às 11h30, era considerado impossível escalar e alcançar o cimo da monstruosa montanha, localizada no Himalaia.

Escalar o Monte Everest é algo extremamente perigoso e requer cuidados e muita experiência, por isso não havia garantia de que os dois amigos chegariam lá em cima, uma vez que tantos outros exploradores morreram ao longo do caminho. Hillary e Norgay sabiam dos perigos que os cercavam, além do frio extremo capaz de congelar o corpo humano, outros fatores contribuíam para a morte dos alpinistas.

O mais intrigante dessa história, se trouxermos para o mundo dos negócios – e até mesmo para outras áreas –, é que por várias vezes centenas de milhares de pessoas no mundo inteiro desistiram do seu negócio por ter falhado em sua primeira tentativa.

Pode ser que você esteja se deparando com a primeira dificuldade do seu negócio e esteja pensando em desistir. Veja, esses homens antes de subirem o Monte Everest tentaram no mínimo trinta vezes.

É muito louco entrar nesse assunto, porque, de fato, quando não vê algo se concretizar, a primeira desculpa do ser humano, em sua zona de conforto, é falar: "isso não vai dá certo". Entenda uma coisa: o contrário do fracasso não é a sucesso e sim a desistência. Ao desistir, você fracassa, mas ao insistir, ainda que não dê certo, você aprende. Leve isso para sua vida.

Há muito acreditava-se que escalar uma montanha de 8.848 metros de altitude era irrealizável, até que Hillary e Norgay foram lá e fizeram do impossível algo possível. Lembre-se de que sua mente foi criada para te manter em uma zona de conforto o tempo todo. O cérebro humano é capaz de sabotar escolhas que possam colocar nosso corpo sob esforços e gastos de energia entendidos como desnecessários. É por isso que você paga academia e não treina, diz que vai emagrecer, mas não prossegue com uma alimentação equilibrada, ou ao surgir um problema em sua empresa, esconde para resolver depois e quando percebe já virou uma bola de neve.

A criação da roda também é um exemplo fascinante que retrata algo, outrora, impossível. Fazer uma roda parece ser tão fácil, não é mesmo? Agora, imagine a mente da primeira pessoa que descobriu como se fazer esse objeto. Você consegue imaginar o que essa pessoa pensou?

Ao desistir,
você fracassa.
Ao insistir, ainda
que não dê certo,
você aprende.

Naquela época, talvez ela tenha olhado e pensado: "se eu pegar essa pedra, com essa circunferência e colocar algo em cima dela, certamente irá se locomover mais facilmente. Irei tentar." Bum! Criou-se a roda. É impossível saber quem a criou, mas acredita-se que ela tenha sido inventada no Oriente Médio por volta de 3.500 a.C. O fato é que essa invenção revolucionou a forma como as pessoas se deslocavam e transportavam cargas, tornando o transporte muito mais eficiente.

Assim como esses feitos mudaram a história, nossos negócios podem ir além do que imaginamos. Ultrapassando nossos limites, podemos conquistar marcos surpreendentes e impactar muitas vidas.

Pare para pensar nessas realizações. Estou falando de homens comuns, como eu e você, que acreditaram na possibilidade, foram lá e fizeram o que tinha de ser feito. Depois de Hillary e Norgay, mais de 10 mil pessoas subiram o Monte Everest.

Mas Jorge, o que o Monte Everest tem a ver com empreendedorismo, dinheiro e negócios? Veja bem, desde a escalada desses dois homens em 1953, milhares de alpinistas e turistas têm viajado para a região a cada ano, gerando receitas significativas para as comunidades locais. Somente em 2019, mais de 50 mil turistas visitaram a região, contribuindo para o movimento de cerca de 300 milhões de dólares na economia do Nepal naquele ano. Isso prova que ao ultrapassar uma linha e ir além do seu limite, você começa a conquistar marcos que nem imaginava possíveis. Todas as vezes que vamos ao extremo, criamos oportunidades e inspiramos outros a nos seguirem.

Então, eu te convido a ir ao extremo, ultrapassar os limites que o impedem de prosperar e conquistar resultados surpreendentes em seu negócio.

Lembre-se: O impossível está na sua cabeça!

PONTOS IMPORTANTES PARA O SUCESSO DE HILLARY E NORGAY

A história de Edmund Hillary e Tenzing Norgay nos ensina lições valiosas sobre o sucesso. Como sou alguém muito curioso, em busca de constante inovação, decidi pesquisar mais sobre o que eles fizeram para chegar ao topo do Monte Everest e serem os primeiros a realizar essa façanha. Qual foi a estratégia desses "malucos" para conseguir chegar vivos lá em cima? Por que eles não desistiram na primeira tentativa? Obviamente fizeram algo que ninguém ainda havia feito até aquele momento, mas o primordial de tudo, creio, foi o fato de não terem desistido, concorda?

Decidi então pesquisar mais afundo sobre esse feito. Busquei descobrir qual foi o padrão e o processo usado por eles para chegar ao topo do Everest. O que descobri? Bom, esmiuçando essa história, percebi três etapas importantíssimas. São elas:

1. Treinamento

A primeira etapa crucial foi o treinamento. Antes de enfrentar o Monte Everest, investiram anos escalando montanhas menores, adquirindo experiência e entendendo suas limitações. Ou seja, não acordaram uma manhã de sol e decidiram escalar a montanha mais alta do mundo. Treinaram e essa preparação minuciosa foi essencial para o sucesso deles.

A coragem de ambos falta em muitos de nós, empreendedores. Eles decidiram fazer algo e se prepararam, acumularam experiência arriscando suas vidas em desafios menores. Pois, caso houvesse erro, seria menos custoso e o impacto menor. Afinal, quando se trata de escaladas na montanha mais alta do mundo, um erro, literalmente, poderia levá-los a algo irreversível, como a morte.

2. Equipe e equipamento

Quando decidiram que seria a hora para a jornada de sete semanas em direção ao topo do Monte Everest, perceberam a importância de contar com uma equipe; não chegaram lá sozinhos. Foram mais de vinte sherpas experientes que os guiaram na escalada até o local. Eram pessoas que conheciam bem a montanha, que já haviam subido até uma certa etapa do monte.

No decorrer do caminho, a equipe trabalhou em conjunto, trocando responsabilidades como a montagem de barracas e o envio de suprimentos. Essa logística bem definida minimizou os riscos e permitiu a escolha dos melhores equipamentos, desde as cordas mais resistentes até os casacos adequados para baixas temperaturas. Trabalhar em equipe e executar tudo com o material mais adequado foram etapas essenciais para o sucesso da expedição.

3. Estratégias

Com um planejamento estratégico e meticuloso, traçaram cuidadosamente a rota de escalada, levando em consideração o clima e as condições do terreno. Além disso, utilizaram técnicas específicas de escalada, como a "ancoragem alternada", que envolve o revezamento de liderança entre os escaladores. Você consegue imaginar a cena assim como eu? Os planos utilizados por Hillary e Norgay foram fundamentais para superar os desafios encontrados até a chegada ao topo.

4. Tempo

Estamos vivendo na era da ansiedade, do imediatismo, queremos tudo para ontem. O mundo está em constante evolução, e você já deve ter percebido que a globalização e a tecnologia trazem esse senso de urgência cada vez mais forte. O acesso à informação é muito fácil e rápido. Essa ansiedade, por sua vez, nos leva a querer fazer tudo e fazer já:

- "Agora preciso me tornar milionário!".
- "Agora preciso criar uma empresa".
- "Preciso construir um prédio e colocar minha logo marca".

Confesso que por muito tempo eu era assim também. Nossa geração criou esse imediatismo. Mas aqueles montanhistas, para chegarem à montanha mais alta do mundo, precisaram de tempo e dedicação. Foram quase dois meses exercendo a paciência e respeitando o processo.

Eles compreenderam que não adiantaria "meter os pés pelas mãos". O desejo era simplesmente chegar, não era chegar mais rápido, mas chegar bem, vivos e conscientes para aproveitar e desfrutar aquele momento com alegria.

O que estou querendo dizer com tudo isso? Simplesmente que você não alcançará do dia para noite o que mais deseja. Em resumo, os pilares do sucesso de Hillary e Norgay foram: **treinamento**, ao buscarem capacitação; **equipe e materiais**, ao contarem com mentores, colaboradores e ferramentas; **estratégias**, ao encontrarem técnicas específicas para a escalada; **tempo**, ao se manterem resilientes, respeitando os processos e o momento certo para chegar ao topo.

E por falar em resiliência, destaque essa palavra como uma das características mais evidentes e cruciais do empreendedor do século 21. Em uma semana, estamos comemorando o faturamento; na outra estamos preocupados com as contas e boletos. Agora me diga se não é verdade? Brincadeiras à parte, nós empresários devemos nos dotar de muita resiliência e controle emocional para viver no mundo em que vivemos. A qualquer momento pode surgir uma lei que mude completamente o jogo. Não é mesmo? Precisamos ir ao extremo, cruzar as linhas e sair da zona de conforto para transformar em realidade aquilo que desejamos.

CAPÍTULO 02

PERFIL DAS PESSOAS QUE CHEGAM AO TOPO

Após me aprofundar na escalada de Hillary e Norgay ao Monte Everest, comecei a estudar os perfis das pessoas que alcançaram o sucesso, buscando identificar alguma relação entre a jornada desses dois alpinistas e os grandes nomes que deixaram e ainda deixam sua marca no mundo corporativo. Comecei então a me conectar com algumas figuras públicas, como Danilo Gentili, Felipe Titto, Sarah Andrade, João Kepler, entre outros, para entender alguns de seus hábitos. Além disso, analisei também algumas empresas de sucesso, como Chilli Beans, iFood, Arezzo, Assaí, Natura e outras, para compreender o que todas tinham em comum.

Minha rede de networking tem crescido significativamente nos último anos, principalmente após as edições do X Business, com isso tive acesso a números expressivos no mundo dos negócios. Conheci um pouco dos bastidores de várias empresas e fiz um compilado de informações para analisar os pontos de contato entre essas pessoas e suas organizações. Descobri que todas eram geridas por um empreendedor que chegou ao seu extremo. Ou seja, por trás de cada marca de sucesso, existe uma pessoa que precisou ultrapassar limites, que já pensou em desistir, que entregou o seu máximo e muitas vezes tudo de si para conseguir atingir o resultado desejado. Pessoas como Tony Robbins, Caito Maia, Luciano Huck, Felipe Titto, e eu mesmo estou nesta lista, pois em diferentes ocasiões pensei em desistir. Isso não somente nos momentos em que estava dando tudo errado, mas nos momentos de sucesso também.

Quero compartilhar algo íntimo com você: durante uma fase excelente, quando minha Fraternidade X Diamond – composta por grandes empresários com propósitos alinhados ao meu – estava vivendo momentos incríveis e obtendo resultados surreais, realizando nossos melhores encontros e fazendo as melhores viagens em 2022, me deparei com uma situação desafiadora. Em determinado dia, subi para o quarto de um hotel onde estava hospedado e chorei. Chorei muito e chorei sozinho. Parecia que estava no meu limite, achando que não conseguiria administrar aquela fase tão boa, mas repleta de responsabilidades. Por que estou compartilhando isso?

Para que você perceba que não é preciso estar dando tudo errado para ter chegado ao seu limite. E está tudo bem se sentir assim e chorar sozinho no quarto. Essa experiência me lembrou que sou humano e apesar de, por alguns minutos, ter acreditado que não aguentaria o "rojão", sou capaz de ultrapassar meus limites, gerenciar minhas emoções e aproveitar meu sucesso.

Já testemunhei muitos empresários quebrarem, irem à falência ou se endividarem quando seus negócios estavam indo muito bem. Seja por falta de gestão financeira, falhas administrativas, má gestão emocional ou por tantos outros motivos. Entenda uma coisa: o problema ou o limite não está apenas em se encontrar no fundo do poço ou no topo da montanha, mas sim em não encontrar um padrão de comportamento que nos mantenha em constante evolução rumo ao sucesso e à prosperidade em todas as áreas da vida.

Ao aprofundar meu estudo sobre esses homens e mulheres de sucesso, identifiquei os mesmos padrões observados no comportamento de Hillary e Norgay: todos conseguiram fazer o que muitas pessoas consideravam impossível, ultrapassando seus próprios limites e superando até mesmo o suportável por suas mentes.

Além disso, é essencial entender que o sucesso não é uma linha reta progressiva e sem percalços. Haverá obstáculos, desafios e momentos de dúvida ao longo da jornada. No entanto, o que diferencia os que chegam ao topo daqueles que desistem é a capacidade de aprender com os fracassos, se adaptar às mudanças e manter uma visão clara de seus objetivos.

João Kepler, Felipe Titto, Danilo Gentili e outros grandes nomes enfrentaram adversidades ao longo de suas carreiras, mas sempre perseveraram em busca do sucesso. Eles compreendem que é preciso ir além do que é confortável, assumir riscos calculados e não temer o fracasso.

Assim como escalar o Monte Everest, alcançar o topo no mundo dos negócios requer uma preparação cuidadosa e uma busca constante por superação. A analogia entre a escalada de Hilary e Norgay ao Everest e a jornada empresarial é surreal, pois ambas envolvem desafios para além das capacidades humanas comuns.

No Monte Everest, cada alpinista enfrenta os perigos iminentes da altitude extrema, dos ventos fortes e da falta de oxigênio. Da mesma forma, no mundo dos negócios, os empreendedores se deparam com um ambiente difícil, onde a concorrência é acirrada, as incertezas são constantes e as tomadas de decisões podem levar ao sucesso ou ao fracasso.

Assim como os alpinistas precisam se preparar fisicamente e mentalmente para a escalada, nós empresários devemos desenvolver habilidades e competências para enfrentar os desafios de empreender. A determinação, a persistência e a capacidade de adaptação são virtudes essenciais para ambos os casos.

Durante a escalada, com toda certeza, Hillary e Norgay se depararam com momentos de exaustão e dúvida, mas foi a coragem e o foco que os impulsionaram a continuar, um passo de cada vez, em direção ao topo. Nos negócios, também há momentos em que tudo parece estar dando errado, mas é a nossa crença no potencial do empreendimento e a determinação em fazer dar certo o que pode nos levar ao sucesso.

Enquanto os alpinistas dependem uns dos outros para formar uma equipe engajada, os empreendedores constroem suas redes de apoio e networking para obter suporte e conhecimento ao longo da jornada. A colaboração e a troca de ideias são fundamentais para conquistar os objetivos, assim como no Everest, onde a cooperação entre alpinistas e guias é crucial para alcançar o cume.

Você sabe e eu também que empreender não é fácil. É por esta razão que decidi usar a trajetória desses dois alpinistas para comparar à vida do empreendedor.

A chegada de Hillary e Norgay ao topo do Monte Everest certamente foi um momento de muita gratidão e adrenalina. Você tem dúvidas de que a sensação de conquista foi indescritível? Da mesma forma, alcançar o sucesso nos negócios traz uma imensa satisfação por obter a realização de um sonho. Ambos os feitos são marcados por um misto de emoções, dada a superação de nossos próprios limites.

Contudo, é importante lembrar que a escalada não termina no cume do Everest, assim como o sucesso nos negócios não é um ponto final. Tanto na montanha quanto no mundo empresarial, é necessário manter o foco, a atenção e a humildade, pois a descida pode ser tão desafiadora quanto a subida.

Portanto, assim como os alpinistas que conquistaram o Monte Everest inspiraram gerações de aventureiros, os empresários bem-sucedidos também têm o poder de influenciar e motivar outros a perseguirem seus sonhos e desafiar seus próprios limites. Imagine quantas vidas a sua jornada de superação até o sucesso pode alcançar.

Essa jornada rumo ao topo, seja no Monte Everest ou no mundo dos negócios, é uma aventura cheia de desafios, aprendizados e superações. É preciso estar disposto a ultrapassar barreiras, enfrentar os obstáculos – que não são poucos – e, acima de tudo, acreditar na própria capacidade de realizar o impossível. Quando nos lançamos nessa jornada com foco, crença e determinação para fazer as coisas darem certo, é possível alcançar resultados inimagináveis e deixar uma marca no mundo. Então, assim como a história do Monte Everest nos mostra que o impossível está na nossa cabeça, lembre-se sempre de que o sucesso também está ao alcance daqueles que estão dispostos a ir ao extremo e ultrapassar seus próprios limites.

O sucesso também está ao alcance daqueles que estão dispostos a ir ao extremo e ultrapassar seus próprios limites.

No próximo capítulo, trarei um tópico de extrema relevância. Antes de prosseguir com o conteúdo central deste livro, é imprescindível explorar um tema que assombra inúmeros empreendedores no Brasil: a falência. Meu objetivo é conduzi-lo a uma análise profunda das ações que podem estar levando sua empresa a um declínio contínuo. Além disso, quero impedir você de se tornar parte das estatísticas que apontam para um alarmante aumento no número de empresas à beira do fracasso, forçadas a fechar as portas. A aplicação das estratégias corretas não apenas o auxiliará a evitar uma falência iminente, mas também o capacitará a transformar seu empreendiment em uma operação sustentável e lucrativa.

CAPÍTULO 03

O CICLO DA FALÊNCIA

O CICLO DA FALÊNCIA

Lá no íntimo do desafiador panorama empresarial, por se insistir em jogar o jogo do faturamento – em que o foco consiste apenas no número de entradas no caixa –, é possível encontrar um ciclo insano que muitos empreendedores enfrentam, conhecido como o "ciclo da falência". Assim como um alpinista inexperiente enfrenta as intempéries da montanha sem o devido preparo, muitos empresários iniciantes se aventuram no mundo dos negócios sem compreender plenamente os perigos do ciclo da falência.

Quero agora que você mergulhe fundo comigo no mecanismo desse circuito, desvendando suas fases e encontrando estratégias para evitá-lo. Assim como um alpinista experiente se prepara de maneira precisa e cautelosa antes de enfrentar o Monte Everest, um empreendedor deve estar munido de conhecimento para alcançar o topo dos negócios sem ser vencido por armadilhas financeiras.

O LIMITE INVISÍVEL

Representando milhares de brasileiros, conheça a história de seu Zé:

O ciclo da falência se inicia com uma decisão aparentemente positiva: o lançamento de um empreendimento. Imagine, por exemplo, um varejista. Vamos chamá-lo de seu Zé, que deseja abrir uma loja de roupas. Com empolgação, ele investe em uma infraestrutura linda, pinta, decora e compra um estoque de alta qualidade. O custo inicial parece justificável, e ele pode até ter conseguido um empréstimo para financiar parte disso. Suponhamos que, para viabilizar, seu Zé tenha solicitado um empréstimo de 50 mil reais junto a um banco, a ser quitado em doze prestações mensais. Com os acréscimos de juros, as parcelas foram estabelecidas em 5 mil reais por mês. É importante ressaltar que ele já deu início às atividades comerciais com uma dívida mensal de 5 mil reais.

Vamos considerar um exemplo prático para ilustrar a situação de seu Zé na história que estamos apresentando. Seu Zé é um empreendedor cujas circunstâncias nos ajudarão a entender melhor o cenário.

Primeiramente, ele arca com 1 mil reais mensais de aluguel para sua loja. Além disso, ele possui uma folha salarial de 3 mil reais, considerando um máximo de dois funcionários, assumindo que ele optou por uma abordagem mais flexível em relação ao contrato de trabalho, como o regime do Microempreendedor Individual (MEI).

Adicionalmente, seu Zé tem ainda, despesas relacionadas à água e luz, totalizando 600 reais. Para promover seu negócio, ele investe também cerca de 2.400 reais em estratégias de marketing. Somando todas as despesas, temos um total de 7 mil reais.

Vale destacar que ainda não estamos contabilizando o valor do financiamento contratado. Multiplicando esses 7 mil reais mensais por seis meses, temos um valor de 42 mil reais.

Essa análise nos permite compreender mais claramente a estrutura de custos envolvida no empreendimento de seu Zé, oferecendo insights sobre o desafio financeiro que ele enfrentará pela frente.

Aqui identificamos o primeiro erro: a negligência na criação de um fundo de reserva para o giro de caixa. Posso parecer contundente, mas esse é um ponto extremamente óbvio. Ao optar por abrir uma empresa, é imprescindível ter, no mínimo, reservado o equivalente a seis meses de giro de caixa. Para calcular o montante que corresponde a esse capital de giro, é essencial identificar quais serão seus custos mensais projetados e multiplicá-los por seis. O resultado dessa operação representa a quantia que deveria ter sido acumulada e guardada. Isso garante que, caso ocorram contratempos nos primeiros seis meses, haverá recursos disponíveis para cobrir eventuais prejuízos.

Nesse contexto, ao dispor de um fundo reservado correspondente a seis meses de capital, seu Zé teria a vantagem de contar com um período para "respirar fundo" e desenvolver estratégias para a recuperação de seu negócio diante das eventualidades. Isso nos mostra que assim como um alpinista deve estar preparado para enfrentar mudanças drásticas de clima e altitude, um empreendedor deve antecipar os desafios financeiros que inevitavelmente surgirão mês a mês. Esta conta mensal, composta por aluguel, folha de pagamento, custos de marketing e outras despesas operacionais, muitas vezes é subestimada.

Portanto, a lição crucial aqui é que todo empreendedor deve priorizar a criação de um fundo de reserva de pelo menos seis meses de giro de caixa antes mesmo de considerar a abertura de um negócio. Esta é a base para se manter sólido um empreendimento, evitando assim a armadilha do ciclo da falência.

Retomando a história do seu Zé, consideremos a seguinte situação: ele optou por adquirir um empréstimo no valor de 42 mil reais. Contudo, esses 42 mil reais não correspondem apenas à quantia necessária para o capital de giro. O montante a ser considerado é, na verdade, a soma desses 42 mil, que compreende o aspecto operacional da empresa, e mais seis parcelas de 5 mil reais, que correspondem aos custos mensais. Portanto, devido ao empréstimo adquirido, ele necessita de uma reserva total de 72 mil reais para garantir a estabilidade de sua empresa.

Além disso, é importante destacar que essa análise não se aplica apenas a alguém prestes a iniciar um empreendimento. Estou utilizando esse exemplo para ilustrar o ciclo da falência e demonstrar como ele se desenrola. Como mencionado anteriormente, seu Zé, novo no mundo empresarial, já se encontra encarando uma dívida de 5 mil reais referente ao empréstimo, acrescida de mais 2.400 reais destinados ao marketing, e ainda 1 mil reais de aluguel, somados a mais de 3 mil reais em outras despesas. Isso totaliza 11 mil reais em custos que ele deve arcar.

É importante lembrar que o ciclo da falência não compreende despesas. Trata-se também de planejamento, estratégia e disciplina financeira. A essa altura, seu Zé está enfrentando não apenas desafios financeiros, mas também a necessidade de tomar decisões críticas para reverter a situação.

ATENÇÃO!

Alerta de tempestade em caso de negligência no marketing

Outro aspecto significativo que ocorre é quando o empreendedor passa a investir recursos na empresa, porém, frequentemente ignora um fator crucial: o marketing. Simplesmente direcionam seus investimentos para criar uma estrutura física surreal e uma fachada linda, por exemplo, mas negligenciam o investimento de recursos para ações de marketing. Esta é uma deficiência que pode levar os empreendedores a entrarem no ciclo da falência.

No exemplo da equação de 72 mil reais mencionado anteriormente, sobre a situação do seu Zé, o marketing foi incluído nas despesas, entretanto, é importante salientar que, muitas vezes, empreendedores de pequeno e médio porte deixam de incluir uma reserva para marketing.

Há um ponto fundamental: não estou enfatizando a importância do marketing apenas porque trabalho nessa área, mas sim porque marketing e vendas são os batimentos cardíacos de qualquer empresa. Você pode reduzir todos os custos que desejar, cortar gastos em diversas áreas, até mesmo eliminar o cafezinho, porém, o marketing não pode ser cortado, ele não deve, em hipótese alguma, ser negligenciado. É comum que, ao decidirem assumir a linha de frente e iniciar os investimentos na empresa, esses empresários acabem não separando o valor necessário para ações de marketing. E em meio ao desespero, acabam por contratar qualquer agência ou pessoa para essa função, não destinando um orçamento específico para impulsionar o tráfego e alcançar o público-alvo. Entenda uma coisa: se você deseja obter resultados financeiros, se deseja ter lucratividade, é fundamental separar uma parcela do capital para o marketing, incluindo tráfego, e esse planejamento deve ser integrado à sua estratégia de precificação.

Vamos analisar o cenário do seu Zé mais a fundo, certo? Já consideramos que os custos fixos dele somam 11 mil reais. Agora, vamos mergulhar no estoque do nosso empreendedor. Ele decidiu armazenar várias camisetas, dando para isso um valor de entrada de 30 mil e mais três prestações para o próximo mês no valor de 30 mil. Ou seja, ele tem agora mais um gasto adicional, elevando o custo total para 41 mil reais.

Então você me pergunta: "qual é o segredo?", precificação. Veja bem, isso não é brincadeira, esse é o momento onde muitos empresários acabam se complicando e indo parar no ciclo da falência.

Venha comigo e imagine que esses 90 mil reais investidos pelo seu Zé seja referente a um único modelo de camiseta que ele escolheu trabalhar, certo? Vamos supor que ele tenha comprado essa camiseta por 50 reais cada. Façamos uma continha rápida: 90.000/50 obtemos o resultado de 1.800 peças de camiseta em estoque. E o seu Zé, esperto como é, decide ter um lucro de 50%, que inclusive, é o mínimo a se considerar como margem de contribuição.

> **É bom ressaltar que a margem de lucro varia de 0 a 100%, nunca ultrapassando 100%, ok? Ela é calculada sobre o preço de venda,** não sobre o preço de compra.

Seu Zé logo decide vender a camiseta por 100 reais. Fazendo as contas, e com toda a empolgação do mundo, ele começa a focar nas vendas; elas decolam, a loja vai bem, e ele continua a vender muito, cada vez mais. Digamos que ele tenha vendido mil peças. Assim, ele acumulou um faturamento de 100 mil reais. Parece bom, não acha?

Mas veja bem, nessa história toda, há uma armadilha. Seu Zé, agora muito animado, decide comemorar, aproveitar com os amigos, e começa gastando parte dos 100 mil reais que ele faturou.

Aqui trago uma informação valiosa. Guarde isso, pois é uma dica de ouro: lembra da diferença entre pessoa jurídica e pessoa física?

Pois bem, nunca se esqueça de que:

PJ NORMAL	PF POBRE
PJ RICA	PF NORMAL
PJ MILIONÁRIA	PF RICA
PJ BILIONÁRIA	PF MILIONÁRIA

E tem mais: a mistura das contas pessoais e profissionais. Esse é o caminho para se frustrar. Quando você não distingue bem as contas, acaba usando o mesmo dinheiro para tudo, e a situação vira uma bagunça total.

O melhor é manter tudo separado. Eu sei que no início, isso pode parecer um bicho de sete cabeças, principalmente se já se encontra tudo misturado. Mas, se isso estiver acontecendo com você, é hora de começar a definir um pró-labore, assim se tem um limite e se sabe quanto pode gastar. Quando não se estabelece limites na PF, o dinheiro que entra na PJ some rápido, daí as coisas desandam. Isso é uma das coisas básicas da administração, pode até parecer repetitivo, mas tenha em mente uma coisa: nós brasileiros somos ótimos vendedores, porém nos atrapalhamos na administração, portanto misturar as contas é, de fato, uma péssima ideia. Talvez você já saiba disso, mas pode ser que não esteja colocando em prática.

Acredite: é possível evitar esse ciclo e, até mesmo, sair dele.

Voltemos à realidade do seu Zé que alcançou um faturamento de 100 mil reais, porém, é fundamental lembrar de um aspecto crucial: ele tem compromissos financeiros a enfrentar. Ao fim do mês, inicia-se um novo ciclo, mas é importante ter em mente que no começo desse período, seu Zé tinha originalmente 1.800 peças em estoque. Das quais, ele conseguiu vender 1.000 unidades, restando assim 800 peças de camisetas.

A próxima atitude do seu Zé é utilizar os 100 mil reais para pagar os compromissos financeiros, excluindo seu salário pessoal. Seu Zé opta por pagar os itens considerados necessários, incluindo marketing, aluguel e as despesas relacionadas às 30 mil peças que já foram vendidas, bem como um adicional de 11 mil reais em custos fixos. Se fizermos a análise, deduzindo 41 mil reais do montante de 100 mil, restarão 59 mil reais disponíveis.

Esse é o ponto em que o cenário merece uma avaliação mais aprofundada. A quantia de 59 mil reais pode dar a impressão de um saldo saudável, mas as armadilhas do ciclo de falência estão prestes a se tornar evidentes.

Ao adotarmos uma perspectiva mais clara, percebemos que seu Zé enfrenta a necessidade de recuperar seu estoque de mercadorias, especificamente suas camisetas. Isso se torna evidente, pois, embora ele disponha de 59 mil reais em caixa, essa quantia não deve ser interpretada de forma isolada. A principal prioridade é o reabastecimento do estoque.

O cenário aparentemente positivo, no qual seu Zé fica com 9 mil reais após destinar 50 mil para a compra de mais camisetas, pode parecer muito promissor, mas não se engane. O ponto crucial é que seu Zé foca exclusivamente o faturamento, ignorando outros aspectos cruciais.

É aqui que podemos aplicar essa situação ao nosso cotidiano. Por exemplo, dessas mil peças vendidas, muitas delas não foram pagas integralmente à vista. Isso soa familiar especialmente se você vive em regiões do interior, onde é comum lidar com pagamentos parcelados, conhecidos popularmente como "notinhas", que são liquidadas gradualmente ao longo de meses.

Então, seu Zé optou por parcelar as vendas em doze vezes, oferecendo aos clientes a vantagem de pagar pelas camisetas ao longo desse período. No entanto, é importante compreender que existem custos adicionais que seu Zé não está considerando de forma adequada. Isso inclui despesas como impostos, comissões dos vendedores e o risco potencial de inadimplência. Tudo isso nos conduz a explorar uma perspectiva mais realista e completa.

Suponhamos que 20% das vendas foram efetuadas à vista, o que resultou em um montante imediato de 20 mil reais para seu Zé. Agora, voltemos nossa atenção para os outros 80% das vendas, que foram parcelados em doze vezes. Isso totaliza 80 mil reais, a serem distribuídos ao longo de 12 meses, resultando em cerca de 6.676 reais mensais.

No entanto, apesar da empolgação passageira por ter alcançado 20 mil reais em vendas à vista, seu Zé se depara com uma realidade. Somando os 6.672 reais das vendas parceladas aos 20 mil reais à vista, ele acumula uma entrada total de pouco mais de 26 mil reais. Porém, é importante lembrar que o custo total das camisetas foi de 41 mil reais. Isso revela um desequilíbrio financeiro significativo.

Percebe-se agora que seu Zé se encontra em uma posição delicada. A discrepância entre sua entrada de 26 mil reais e o custo de 41 mil reais gera um déficit que ele não terá meios de cobrir. Ele simplesmente perdeu o controle de suas entradas e saídas. Essa situação ilustra de forma concreta o ciclo da falência.

Explorando outro cenário, é essencial analisar números mais alinhados com a realidade. Vamos examinar mais de perto: seu Zé outra vez realizou vendas no valor de 100 mil reais em camisetas, sendo 70% dessas vendas à vista. Portanto, 76 mil reais foram recebidos imediatamente por ele. Agora, seu Zé olha para a situação e identifica outra fonte de receita, proveniente de um montante adicional de 41 mil reais, parcelado em doze vezes.

Contudo, essa aparente prosperidade não deve ser encarada sem um olhar atento ao ciclo da falência, que continua presente, apesar da sensação momentânea de sucesso. Embora seu Zé tenha acumulado 70 mil reais provenientes das vendas à vista e esteja prevendo mais 3.333 reais das parcelas mensais, totalizando 73.333 reais, a realidade financeira é um tanto mais complexa do que parece.

Seu Zé, infelizmente, não obteve um lucro de 60 mil reais como poderia parecer à primeira vista. O cenário real é mais desafiador. Ao receber os 60 mil reais provenientes das vendas, ele vai observar sua situação financeira e se deparar com uma dura realidade: ele tem uma dívida pendente de 41 mil reais a ser paga. É importante lembrar que nos próximos trinta dias ele também terá que arcar com mais 41 mil reais em despesas. Como resultado, seu Zé vai direcionar os 70 mil reais para quitar essas obrigações. Isso inclui 30 mil reais referentes às roupas que já foram vendidas e 11 mil reais de custos fixos.

Ao fim desse processo, seu Zé vai dispor de 19 mil reais. No entanto, a situação não é tão simples. Ele precisa manter em mente que possui apenas 800 camisetas em estoque. Portanto, para efetivamente repor essa reserva, ele precisa considerar que 50% desse valor é destinado à matéria-prima, ou seja, 30 mil reais. Esse montante deve ser separado para cobrir o custo das camisetas vendidas, deixando seu Zé com 30 mil reais disponíveis.

O dilema surge quando seu Zé percebe que, ao utilizar os 30 mil reais para reabastecer o estoque, ele não terá fundos suficientes para quitar suas contas pendentes. Para resolver isso, ele se verá obrigado a retirar dinheiro do estoque para pagar suas obrigações financeiras. Isso significa que, dos 19 mil reais restantes, ele provavelmente precisará usar 9 mil reais para cobrir suas despesas pessoais, resultando em apenas 10 mil reais. Nesse momento, seu Zé tinha originalmente mil peças de roupas em estoque. Agora, com os 10 mil reais disponíveis, ele poderá repor seu estoque com 200 peças adicionais. No entanto, vale ressaltar que após esse processo, o caixa de seu Zé estará zerado. Embora ele tenha conseguido repor parte do estoque, é importante notar que a situação financeira não está resolvida, e um ciclo de desafios começa a se desenhar.

No mês seguinte, consideremos que seu Zé alcançou novamente o mesmo faturamento, vendendo mil peças e totalizando 100 mil reais. Mantendo a mesma proporção, 70% das vendas foram à vista, o que resulta em 70 mil reais.

No entanto, há um detalhe importante: ele ainda tem uma parcela pendente de 3.333 reais das vendas anteriores. Ao somar os 70 mil reais, o faturamento de seu Zé chega a 73.333 reais. No entanto, suas obrigações financeiras continuam em 41 mil reais. Como já é uma prática recorrente, seu Zé mais uma vez destina 41 mil reais para pagar suas contas, o que o deixa com 19 mil reais. Neste ponto, seu Zé precisa separar dinheiro para suas despesas pessoais, optando por retirar cerca de 7 mil reais. Isso resulta em 15 mil reais disponíveis para repor o estoque.

Assim, seu Zé decide investir na reposição de estoque, o que lhe permite adquirir 300 peças adicionais. No entanto, ao adquirir essas peças, ele se depara com outra realidade financeira. Afinal, além dos 30 mil reais investidos no estoque, ele ainda tem uma conta de 30 mil reais referente às novas peças adquiridas e uma conta de 11 mil reais de custos fixos a pagar.

Somando tudo, seu Zé conseguiu repor um total de 300 peças, resultando em um faturamento potencial de até 30 mil reais, considerando o valor de venda de cada peça. Entretanto, a situação financeira de seu Zé é preocupante. Seu déficit é de 11 mil reais, já que seu custo total é de 41 mil reais e ele não dispõe desse valor. Ainda que tenha uma entrada futura de 666 mil reais nos próximos dez meses, a realidade é que ele enfrenta uma encruzilhada: fechar a empresa, sobreviver com um salário limitado nos próximos anos ou recorrer a um empréstimo bancário. Essas decisões se tornam inevitáveis diante do ciclo da falência em que seu Zé se encontra, ressaltando a importância de um planejamento financeiro sólido e uma gestão cuidadosa.

Aquela aparente margem de lucro de 50% que seu Zé escolheu lá atrás é falsa. A ausência de projeções e de gestão eficaz levou seu Zé a uma situação na qual ele se viu obrigado a zerar seu estoque, uma medida extrema que o conduziu a buscar empréstimos bancários como sua primeira alternativa.

Contudo, seu Zé ainda não compreendeu o pico do problema: ele não está jogando o jogo do lucro, mas sim o jogo do faturamento. Seu foco nas vendas e no faturamento de 200 mil reais o enganou, criando uma falsa sensação de sucesso financeiro. Ele acreditou que, por estar vendendo muito, a empresa estava prosperando, sem perceber que a falta de dinheiro no bolso era um indício de falha na gestão.

Infelizmente, essa armadilha não é exclusiva de seu Zé; muitos empresários se encontram nesse mesmo cenário. Eles veem o dinheiro girando, as vendas acontecendo, mas estranhamente, não sobra dinheiro ao fim do mês. A empresa gira em círculos, fatura, vende, mas o dinheiro parece evaporar.

Essa situação surge justamente da falta de uma análise profunda da realidade financeira. Ignorar os detalhes cruciais, como a margem de contribuição do produto, o custo de mercadoria vendida (CMV) e outros elementos financeiros fundamentais, é um erro que pode ter consequências gigantescas.

Certa vez ouvi a seguinte frase em um podcast: "o governo pode aumentar os impostos, mas quem realmente os paga é o cliente final". No entanto, essa realidade só é clara para alguns empresários: aqueles que estão atentos, que compreenderam esses princípios e investiram em sua própria capacitação. Esses são capazes de transferir a carga das taxas para o cliente final. Enquanto isso, aqueles que não estão cientes desses conceitos são forçados a absorver para si essas despesas, diminuindo cada vez mais a margem de contribuição.

Aqui está a lição que podemos extrair disso: todas as taxas de pagamento, sem exceção, devem ser repassadas ao cliente final. Não é uma responsabilidade que você deve assumir. Isso inclui parcelamentos, taxas e outras despesas relacionadas. Essa abordagem é fundamental para evitar situações como o ciclo da falência que venho explicando. Evitar que essas despesas se acumulem e diminuam suas margens é um passo crucial para evitar esse ciclo prejudicial composto por cinco fases que quero evidenciar:

Fase 1: Não há controle de estoque, tampouco de entradas e saídas no caixa e geralmente é cedido aos cliente o parcelamento de vendas a longo prazo

Nessa fase inicial do ciclo que leva à falência financeira, a empresa começa a enfrentar os primeiros sinais de problemas. Seu foco principal está voltado para o faturamento, muitas vezes negligenciando a análise profunda dos números e a busca pelo lucro sustentável. O controle de estoque é ineficiente ou, em alguns casos, completamente ausente.

O empresário, muitas vezes em um esforço para atrair mais clientes, recorre a estratégias como oferecer parcelamento de vendas a longo prazo. Embora essa abordagem possa impulsionar temporariamente o faturamento, também pode levar a dificuldades de fluxo de caixa à medida que as entradas de dinheiro demoram a ser realizadas e as obrigações a longo prazo começam a acumular.

Nesta fase, o foco excessivo no aumento das vendas pode mascarar a verdadeira saúde financeira da empresa.

Além disso, a ausência de um controle rigoroso sobre as entradas e saídas de caixa torna difícil para a empresa antecipar e lidar de maneira eficaz com despesas imprevistas. Essa falta de visibilidade financeira pode levar a decisões precipitadas, como a tomada de empréstimos desnecessários para cobrir lacunas temporárias no fluxo de caixa.

É importante destacar que a Fase 1 é um estágio crítico, em que os problemas financeiros estão apenas começando a se manifestar. Sem a implementação de práticas eficientes de gestão e uma abordagem equilibrada entre faturamento e lucro, a empresa pode rapidamente progredir para as próximas fases desse ciclo insano, em que os desafios se tornam ainda mais complexos e difíceis de resolver.

Fase 2: Parcelamento de dívidas com fornecedores e empréstimos demasiados para quitação de dívidas

Avançando na análise do ciclo da falência, nos deparamos com uma etapa crítica. Nesta fase, os sinais de dificuldades começam a se manifestar de maneira mais tangível e preocupante.

O principal sinal dessa fase se manifesta nas tentativas de parcelamento de dívidas e boletos junto aos fornecedores. É marcada, ainda, pelos empréstimos demasiados. Quando não prevê recursos para suas despesas recorrentes, o empresário se encontra em uma situação em que as saídas de caixa superam significativamente as entradas. Isso, por sua vez, leva à necessidade de tomar empréstimos adicionais para cobrir os déficits, criando um ciclo conhecido como "roda de hamster". Você já ouviu essa expressão?

Fase 3: Queda no crédito com os bancos, passando a recorrer a empréstimos com agiotas

Essa fase é marcada pela relutância dos bancos em estender créditos e empréstimos. O CNPJ da empresa, outrora intacto, passa a ser manchado por registros de inadimplência, colocando uma sombra sobre sua reputação financeira. A situação se complica quando a possibilidade de obter financiamento desaparece, limitando drasticamente as opções de captação de recursos.

Aqui, entra em cena a figura do agiota, representando um último recurso desesperado para buscar alternativas de financiamento. No entanto, essa abordagem traz consigo marcas extremamente perigosas. Conforme as dívidas com agiotas se acumulam, a empresa entra em um ciclo vicioso no qual os encargos crescem exponencialmente, comprometendo ainda mais sua situação financeira que já está fragilizada. É crucial compreender que ultrapassar a linha do empréstimo com agiota resulta em um cenário desafiador e ameaçador.

Fase 4: Venda de bens pessoais, apelo a ajuda de familiares e quebras de relacionamentos

As perspectivas de honrar os compromissos financeiros diminuem consideravelmente, levando a uma situação alarmante em que até mesmo a venda de ativos e bens materiais torna-se inevitável. A empresa, que em outro momento se encontrava confiante em suas operações, agora se vê lutando para sobreviver.

O empreendedor, buscando recursos para manter as operações a todo custo, começa a alienar seus bens. Aqueles ativos que foram conquistados com esforço e muito trabalho agora são sacrificados para honrar compromissos financeiros da empresa. Durante a quarta fase do ciclo, que em minha percepção é uma das mais complexas, não são mais apenas os bens materiais do empresário que estão em jogo, mas também os patrimônios dos seus próprios familiares. É o momento, também, em que o nome da esposa, da mãe, do irmão e, às vezes, até de amigos, por exemplo, torna-se ligado a solicitações de empréstimo e negócios comerciais, a fim de reverter a situação atual.

Entretanto, sob essa aparente rede de apoio, surgem os primeiros conflitos, em que os relacionamentos próximos começam a ser estremecidos. A pressão para cumprir obrigações toma proporções gigantescas. É nesse momento que os divórcios são mais comuns do que se imagina, pois a estabilidade do casamento é comprometida pela tensão financeira e pela utilização desesperada dos recursos disponíveis. Chegar a esse nível leva milhares de empreendedores à depressão, crises emocionais intensas e variabilidade extrema em todas as áreas.

Fase 5: Fase da Insustentabilidade e o risco de decretar falência se torna iminente

Esse momento é marcado pela falta de controle e desequilíbrio geral para lidar com a pressão das cobranças por inadimplências. Quando a última fase entra em cena, muitas das vezes surge uma voz esperançosa, determinada a vencer: "vou conseguir superar isso. Minha empresa tem faturado 100 mil reais por mês." No entanto, é fundamental que o empresário abandone a ideia mentirosa de que o volume de vendas é a solução para todos os problemas financeiros enfrentados pela empresa. O ponto central está na habilidade de administrar o negócio de forma eficaz. Se ele chegou na fase 5, certamente não o fez como deveria.

É crítico chegar a esse ponto; a falta de uma importante atenção à administração precisa do negócio como um todo leva ao colapso. A última fase do ciclo da falência é um lembrete, do qual não se pode esquecer, de que o sucesso financeiro é forjado por uma boa gestão, pelo domínio das finanças, pela análise criteriosa dos seus números e pela tomada de decisões coerentes.

Muitos tomam decisões erradas e acreditam que sua fé em Deus, embora necessária para essa jornada, será o suficiente para sustentar, e até mesmo salvar, seu empreendimento da falência. Entenda uma coisa: enquanto não fizer a parte que lhe cabe como buscar capacitação, investir em treinamento e dedicar-se ao entendimento minucioso de todos os aspectos do seu negócio, Deus não fará a parte dele. Isso faz parte da construção dos alicerces para evitar esse desfecho indesejado que é a falência.

Conclusão

A jornada que conduz à falência financeira é como escalar o Monte Everest, um trajeto repleto de obstáculos e desafios que podem surpreender até mesmo os alpinistas mais otimistas. É extremamente importante compreender que a trajetória de um empresário não diz respeito apenas ao faturamento, mas à uma administração precisa, que foque o lucro sustentável da sua empresa. O ciclo é difícil de ser quebrado, a menos que você comece a prestar atenção nos detalhes importante quando estiver nas primeiras fases, a olhar para os pontos certos do seu negócio e aprender como lidar com o dinheiro.

O empreendedorismo é uma jornada complexa e repleta de armadilhas. Quando você não volta suas atenções aos detalhes importantes de verdade, é basicamente como se estivesse escalando uma montanha sem auxílio de equipamentos, somente na força do seu braço; é extremamente perigoso.

A diferença entre empresários que prosperam e aqueles que enfrentam dificuldades está na sabedoria em reconhecer e agir de acordo com os princípios que compartilharei no decorrer dos próximos capítulos. Aqueles que negligenciam essas informações, não prestam a devida atenção ou não investem no aprimoramento de seus conhecimentos, estão destinados a experimentar obstáculos financeiros e muitas das vezes irreversíveis.

Não importa qual seja a natureza do seu empreendimento, você pode saber como vender, mas, sem a capacidade de controlar e gerenciar de maneira eficaz as finanças, estará destinado a perder muito dinheiro como foi o caso do seu Zé, no exemplo citado neste capítulo. Abrir um negócio e oferecer produtos ou serviços é apenas parte da equação.

Quando você não volta suas atenções aos detalhes importantes de verdade, é basicamente como se estivesse escalando uma montanha sem auxílio dos equipamentos necessários.

Portanto, lembre-se sempre: para garantir o sucesso do seu empreendimento, a capacitação contínua e a aplicação estratégica dos princípios que citei são essenciais. Isso permitirá administrar seu negócio com sabedoria, mantendo a saúde financeira e alcançando resultados sustentáveis ao longo do tempo.

Por fim, o que o ciclo da falência revela é a importância de observar a realidade com clareza, analisar cada detalhe e tomar decisões embasadas em informações sólidas. Ignorar esses princípios pode levar a uma espiral de problemas financeiros, enquanto uma abordagem consciente e estratégica é essencial para construir um negócio verdadeiramente sustentável e lucrativo.

CICLO DA FALÊNCIA

FASE 1

NÃO TEM CONTROLE DAS ENTRADAS E SAÍDAS DO CAIXA, TAMPOUCO CONTROLE DE ESTOQUE. ACHA QUE VENDER É A SOLUÇÃO PARA TODOS OS PROBLEMAS, POR ISSO ADERE ÀS VENDAS PARCELADAS A LONGO PRAZO PARA SEUS CLIENTES. SÓ OLHA PARA O FATURAMENTO E NÃO SE ATENTA AO LUCRO.

FASE 2

PERDE CONTROLE FINANCEIRO, ENCONTRA DIFICULDADES EM HONRAR SUAS RESPONSABILIDADES FINANCEIRAS COM FORNECEDORES, PASSANDO ENTÃO A RECORRER AOS EMPRÉSTIMOS BANCÁRIOS.

FASE 3

PERDE CRÉDITO NOS BANCOS E RECORRE À AGIOTAS, POIS COM A MÁ GESTÃO E FALTA DE CONTROLE, AS INADIMPLÊNCIAS SE TORNAM CORRIQUEIRAS E AUMENTAM ASSUSTADORAMENTE.

FASE 4

COMEÇA A PENHORAR SEUS BENS PESSOAIS CONQUISTADOS COM DEDICAÇÃO, COMO CASA E CARRO. NESSE MOMENTO, TAMBÉM RECORRE AOS FAMILIARES; USA NOME DA ESPOSA/MARIDO E DE OUTROS PARA SOLICITAR EMPRÉSTIMOS. GERALMENTE NESSA FASE HÁ MUITOS DIVÓRCIOS, DESENTENDIMENTOS, RUPTURAS FAMILIARES ETC.

FASE 5

ESSA É A FASE DA INSUSTENTABILIDADE, QUANDO TUDO SAIU DO CONTROLE. A FALTA DE ESTOQUE, O CAIXA ZERADO E OUTRAS SITUAÇÕES TORNARAM IMINENTE O RISCO DE FECHAR AS PORTAS.

CAPÍTULO 04

FAZER O QUÊ E COMO?

Existe algo extremamente relevante conquistado por todo empresário que chegou ao topo do sucesso: resiliência e habilidade de seguir regras que os levassem a patamares altos dentro do mundo corporativo. Analisando esses padrões comportamentais, juntamente com a inspiração da história do Monte Everest, descobri **3 regras a serem abraçadas por todo empresário,** e criei um protocolo que chamo de "Protocolo X Treme".

Seguir fielmente essas regras ao longo da vida, independentemente de sua situação atual – seja com um milhão na conta bancária ou com saldo negativo – é o que o levará ao sucesso almejado. E acredite, meu desejo é exatamente esse, é o que me impulsiona a continuar. Poder contribuir para o sucesso e crescimento de cada indivíduo que tem acesso aos meus ensinamentos é algo de valor inestimável e que, sem dúvidas, está entre as coisas mais prazerosas e satisfatórias em minha vida.

Essas 3 regras estão intimamente ligadas a segredos valiosos:

A REGRA NÚMERO 1 ESTÁ LIGADA AOS DADOS DA SUA EMPRESA

Esse é o segredo mantido por grandes empresários e o que fará seu negócio explodir em vendas. É importante reconhecer que todo empresário de sucesso está, sim, conectado ao aspecto das vendas e, para alcançar o sucesso esperado, é extremamente importante acessar dados muitas vezes negligenciados.

A REGRA NÚMERO 2 ESTÁ LIGADA AOS MÉTODOS QUE VOCÊ USA

Todo empresário bem-sucedido segue um método capaz de multiplicar seus lucros e potencializar seus resultados, permitindo a contratação de qualquer tipo de colaborador. Com as fórmulas certas, você poderá contratar qualquer tipo de colaborador para sua empresa.

A REGRA NÚMERO 3 ESTÁ LIGADA AO SEU FOCO

Conquistar resultados até dez vezes maiores requer foco absoluto em seu negócio. Essa é a fórmula adotada por todo empresário de sucesso. Abrir diversos negócios antes de consolidar um deles é uma armadilha e pode conduzir ao fracasso. Acredite: quem se concentra em três ou mais não se dedica de verdade a nenhum. E, consequentemente, não alcança o crescimento tão desejado.

A MINHA VIRADA DE CHAVE

Antes de me aprofundar mais nesse assunto, é importante compartilhar a razão pela qual essas três regras se tornaram a base de todo empreendedor de sucesso.

Somos moldados por momentos de inflexões, por efeitos borboleta de grande impacto ou, como se costuma dizer atualmente, por viradas de chave. Minha própria virada de chave aconteceu em 2018.

Naquela época, eu administrava uma empresa que tinha um faturamento anual de 800 mil reais. Era uma agência que prestava serviços de social mídia. Lembro que fui um dos primeiros em minha cidade a iniciar esse tipo de negócio. Naquela época foi relativamente fácil crescer o meu *business*, pois havia uma crescente demanda por serviços desse tipo à medida que as empresas buscavam se destacar no cenário digital. Era muito fácil abordar as pessoas e dizer: "veja bem, é preciso ter uma presença online; o Facebook fará com que você seja visto por milhares de pessoas, sei como ajudar nisso."

Em seis meses, vi minha carteira de clientes crescer para cem pessoas pagando um *ticket* de 800 a 1.000 reais de forma recorrente. A empresa cresceu rapidamente e por isso tive um salto grande; passei de duas pessoas, eu e meu sócio na época, para doze funcionários, com apenas 20 anos.

Como mencionei nos capítulos anteriores, sempre fui uma pessoa extremamente motivada a buscar conhecimento.

Em uma certa ocasião, participei de uma imersão com duração de seis dias, em que passei a compreender mais sobre gestão e outros aspectos do mundo corporativo. Nesse momento percebi algo importante: minha empresa estava crescendo, porém estava insustentável administrá-la, não teria como dar certo.

A situação chegou a um ponto em que eu, com apenas 20 anos, me vi diante de uma equipe com doze funcionários e mais de cem clientes que constantemente me procuravam. Você não ficaria surpreso em saber que toda essa "loucura" me levou a uma depressão profunda e a uma crise de pânico. A pressão de administrar esse rápido crescimento estava afetando minha saúde mental de maneira significativa. Nesse contexto, tomei a decisão de vender a Way.

Na minha inocência e inexperiência, acabei vendendo minha empresa, que faturava 800 mil reais por ano, por apenas 200 mil reais. Essa decisão pode parecer absurda, e de fato é, mas foi exatamente o que fiz na época.

Para entender o que aconteceu, basta considerar o conceito de *valuation*[1] e fazer os cálculos. Dessa forma você saberá que minha empresa poderia ter sido vendida por 1.6 milhões de reais. No entanto, naquele momento, ninguém estava disposto a pagar esse valor, e o que consegui receber por ela foi apenas 200 mil reais. E como eu tinha um sócio, minha parte foi reduzida à metade desse valor.

Mas por que eu tomei essa decisão e vendi a minha empresa por 88% a menos do que ela valia? Bem, admito que isso foi um grande choque para mim. Afinal, eu havia conseguido construir o império que desejava e me tornei uma referência na área em minha região. Ninguém fazia algo semelhante na época. No entanto, quando decidi vender, fui confrontado com uma dura realidade: eu não

---

1- É o processo de se estimar o valor real de uma empresa; existem alguns métodos a serem utilizados para se chegar a esse valor. As três formas mais comuns para pequenas e médias empresas (PMEs) são: fundo de caixa descontado; valor patrimonial; múltiplos de mercado.

tinha noção alguma sobre gestão de vendas, gestão financeira, muito menos gestão de processos.

Quando o comprador da empresa começou a fazer perguntas sobre o funcionamento dos meus processos, quase entrei em pânico. Perguntas sobre contratos me deixaram sem resposta, eu não tinha sequer uma assessoria jurídica. Quando ele solicitou as informações sobre meu financeiro, mostrei apenas as entradas e saídas, sem projeções de lucro ou qualquer evidência de um controle financeiro. Eu estava completamente vulnerável no mercado.

Se aquele comprador tivesse decidido bater na porta dos meus clientes oferecendo os mesmos serviços que oferecíamos, eu poderia facilmente ter perdido todos os meus contratos. No fim das contas, tive sorte por ter conseguido vender a empresa e ainda sair com 100 mil reais no bolso. Se não fosse por isso, não tenho ideia do que teria acontecido.

Naquele momento, ficou evidente para mim que, na verdade, eu estava brincando de ter uma empresa. Isso me fez perceber que **não temos aquilo que não sabemos**. Ou seja, eu não sabia que não sabia, não tinha consciência de que estava segurando nas mãos um império e que, se tivesse administrado da forma correta, com toda certeza, poderia tê-lo vendido por um milhão e meio.

Enquanto me aprofundava em mais conhecimento sobre as mais diversas áreas, como marketing, gestão de negócios, gestão financeira, vendas e outras, tive a oportunidade de me conectar com diversos mentores, incluindo João Kepler, Felipe Titto, Anderson, Luís, além de toda a família do X Diamond. Essas são pessoas que têm caminhado comigo e me auxiliado até hoje em meus negócios.

Ter estabelecido essas conexões me fez abrir os olhos para tudo o que diz respeito a gestão e a como manter um negócio sólido e em constante crescimento. Me assustou saber, naquela época, que a maioria das empresas no país não chegam a dez anos e que uma a cada cinco empresas fecha as portas após seu primeiro ano. E a razão para isso, como você já sabe, é falta de gestão, de processos, de controle financeiro e assim por diante. Eu não queria entrar para essa estatística, por isso, estar rodeado por pessoas que me ajudassem, faria toda diferença.

Uma a cada cinco empresas fecha as portas após seu primeiro ano.

Uma das características mais marcantes dos brasileiros é a habilidade em vendas; são excelentes vendedores, mas como empreendedores deixam a desejar. Sempre fui um excelente vendedor, não foi à toa que construí a Way, mas, com minhas próprias atitudes, provei ser um péssimo administrador. Entretanto, como todo bom brasileiro, sempre fui dando um "jeitinho" de fazer o negócio acontecer, afinal "estava muito bom ver o dinheiro entrando na conta". Não precisava de mais nada.

NÓS NÃO TEMOS AQUILO QUE NÃO SABEMOS

Entenda de uma vez por todas a importância de saber o que precisa saber para depois ter o que deseja. Não sei qual é a meta do seu negócio, se deseja se tornar uma referência na sua cidade ou um milionário. Ou ainda, se almeja abrir dez, vinte ou cinquenta franquias. Não sei, mas posso afirmar que, antes de conquistar qualquer uma dessas coisas, é preciso aprender, se capacitar.

A maioria das pessoas não alcançou a posição desejada no mundo dos negócios por falta de conhecimento. Muitos querem, sim, se tornar um milionário, mas para ter o primeiro milhão em sua conta bancária, é necessário antes aprender a ser um milionário. E antes de ser de fato, você, pequeno e médio empreendedor, precisa primeiro aprender a jogar o jogo dos cem mil.

Pare de focar o Monte Everest antes de escalar e alcançar o topo das pequenas montanhas. Lembre-se do que Hillary e Norgay fizeram. Faça o mesmo. Treine em pequenas montanhas, solidifique sua base para adquirir sustentação e experiência e quando estiver munido dos melhores equipamentos e mais bem preparado, comece a escalar rumo ao topo mais alto.

Esteja disposto a lucrar 100 mil reais por várias vezes para criar uma base sólida e só então partir para o próximo passo. Pois acredite: o risco de jogar o jogo do milhão é muito maior do que o risco de jogar o dos 100 mil. Em outras palavras, para ter um milhão, primeiro descubra como ter 10 vezes os 100 mil.

Ainda falando sobre os alpinistas, vamos vincular o Monte Everest com o primeiro milhão que você almeja. Vejamos os pontos importantes para o sucesso de Hillary e Norgay:

1. Treinamento: capacitação.
2. Equipe e equipamentos: mentores colaboradores e ferramentas.
3. Estratégias: técnicas específicas.
4. Tempo: resiliência.

Depois de ter vendido a minha empresa, entendido todos esses detalhes e ligado os pontos, não parei de buscar capacitação. Não fazia sentido saber que errei e não buscar conhecer os caminhos para consertar aqueles erros.

Em 2020 abri a Kairós, hoje uma holding empresarial chamada Grupo X, que tenho com várias marcas abaixo dela. O que mudou? Tudo! Hoje tenho treze funcionários, 26 anos, sou o único dono e um faturamento anual de 9.2 milhões de reais com uma margem de lucro de quase 50%. Além do mais, carrego a marca por ter impactado a mente de mais de 150 mil mentes empreendedoras; pessoas com as quais contribuo para alcançarem o resultado almejado.

Graças a Deus, com o X Business, hoje sou responsável por praticamente 40% de todas as vendas de eventos na plataforma da Eduzz. Decidi mudar e isso foi a melhor escolha que fiz!

O LIMITE INVISÍVEL

VOLUMES MENSAIS DE VENDAS ONLINE DE UMA DAS PLATAFORMAS UTILIZADAS
- ÚLTIMOS 12 MESES

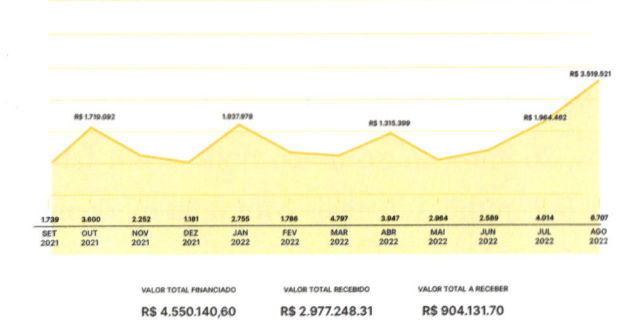

SET 2021	OUT 2021	NOV 2021	DEZ 2021	JAN 2022	FEV 2022	MAR 2022	ABR 2022	MAI 2022	JUN 2022	JUL 2022	AGO 2022
1.739	3.600	2.252	1.181	2.755	1.786	4.797	3.947	2.954	2.589	4.014	8.707

Valores pontuais no gráfico: R$ 1.719.092 (SET), 1.937.978 (NOV), R$ 1.315.399 (MAR), R$ 1.964.462 (JUN), R$ 3.519.521 (AGO).

VALOR TOTAL FINANCIADO	VALOR TOTAL RECEBIDO	VALOR TOTAL A RECEBER
R$ 4.550.140,60	R$ 2.977.248,31	R$ 904.131,70

MUDANÇAS PÓS-FURACÃO

Quando passei a seguir a regra do protocolo X Treme tive um resultado surreal. Além de ter me conectado com grandes nomes do mercado, consegui sentir na pele o que acontece quando as pessoas acreditam em mim, no que carrego e principalmente no que ensino. Elas têm resultados. Simples assim.

A falta de conhecimento é como um furacão que sopra em direção a nossos negócios, conduzindo nossos resultados para a beira de um precipício. É natural se sentir apreensivo, com medo e sem rumo diante do desconhecido e dos resultados negativos, mas nesse momento devemos reconhecer a necessidade de mudar as coisas. A transformação está enraizada em cada mudança que enfrentamos, por meio delas crescemos, aprendemos e alcançamos novos patamares.

Ao longo da história, os grandes empresários bem-sucedidos sempre foram aqueles que abraçaram a mudança, ultrapassaram os limites e não desistiram. Eles compreenderam que permanecer estagnado é equivalente a retroceder, e que nos momentos de transição surgem oportunidades únicas para alcançar o sucesso.

Permitam-me contar a história de alguns visionários que souberam abraçar a mudança:

META X FATURAMENTO POR MÊS

● META (R$)   ● FATURAMENTO LÍQUIDO   ● REAL X META

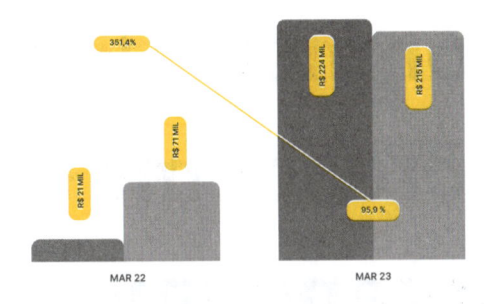

	MAR 22	MAR 23
META (R$)	R$ 21 MIL	R$ 224 MIL
FATURAMENTO LÍQUIDO	R$ 71 MIL	R$ 215 MIL
REAL X META	351,4%	95,0%

Este resultado é de um casal que faz parte da família X Diamond e são meus mentoreados. Pedi a permissão deles para compartilhar seus resultados. Juliano e Lilian possuem uma franquia conhecida no ramo de chocolates. O desejo deles era atingir um faturamento de 20 mil reais, mas conseguiram chegar a 72 mil reais após seguir o meu protocolo e entrar no que chamo de "furacão Jorge Kotz". Tiveram um aumento de 351% e transformaram o negócio.

A transformação está enraizada em cada mudança que enfrentamos, por meio delas crescemos, aprendemos e alcançamos novos patamares.

Você não tem noção de como é gratificante receber depoimentos como este:

"*No fim da pandemia, fiz uma transição de carreira, resolvi empreender. Então mudei, pedi demissão na minha empresa, onde trabalhava há mais de 10 anos, e resolvemos abrir uma loja dessa franquia de chocolates em nossa cidade. O meu esposo comprou 2 ingressos para irmos ao evento do Jorge, o X Business, em Curitiba. Quando chegamos naquela imersão, levamos um grande susto porque descobrimos o quanto estávamos precisando melhorar. E hoje, é visível a diferença que tivemos e como nosso negócio melhorou. Existe o nosso faturamento antes do Jorge e o nosso faturamento depois que colocamos em prática o que ele nos ensinou.*"

Esse é somente um dos exemplos de quem se permite entrar no furacão Jorge Kotz. Isso nos leva a pensar que o segredo para o sucesso não está apenas em nossa habilidade de criar um negócio, mas também em nossa capacidade de abraçar a mudança com coragem e resiliência.

Essas histórias de coragem – porque para encarar a verdade de que lhe falta conhecimento para atingir nossos resultados requer muita coragem – e adaptabilidade nos ensinam que não existe sucesso sem mudança. Se quisermos alcançar o topo da mais alta montanha, devemos estar dispostos a abandonar velhos hábitos e nos capacitarmos. Além do mais, encontrar as pessoas certas para oferecer auxílio durante o processo e utilizar técnicas específicas faz com que o sucesso seja apreciado quando, enfim, for alcançado.

> **Lembre-se:** os maiores avanços ocorrem fora da zona de conforto.

CAPÍTULO 05

DESVENDANDO O PROTOCOLO X TREME

A minha maior realização como um verdadeiro empresário de sucesso não está ligada aos vários dígitos em minha conta bancária, mas sim às mudanças que posso gerar na vida e no negócio das pessoas que estão ao meu redor. E se isso pode ultrapassar os limites geográficos a ponto de atingir pessoas ao redor do mundo, o feito se torna mais satisfatório ainda.

Quando criei o protocolo X Treme e decidi colocá-lo neste livro, imaginei a mudança antes gerada em mim alcançando outros empreendedores.

Quando a mudança bater à sua porta, tente recebê-la de braços abertos e permita que ela o conduza a novos níveis do sucesso. Você, como empreendedor, pode transformar desafios em oportunidades e moldar um futuro brilhante para seu negócio e para si mesmo.

Portanto, convido você a abraçar a mudança com resiliência e confiança. Quando necessário, seja flexível diante das reviravoltas apresentadas pelo mercado, esteja aberto a caminhar com pessoas que trazem novas técnicas

TENHA CLAREZA E ACESSO ÀS INFORMAÇÕES IMPORTANTES DO SEU NEGÓCIO

e seja destemido em suas decisões. Lembre-se de que ninguém acreditava ser possível subir no cume do Monte Everest. Portanto, reconhecer que algo precisa ser feito é a ferramenta para alcançar o topo.

REGRA NÚMERO 1
DESCUBRA O SEGREDO DOS GRANDES EMPRESÁRIOS PARA EXPLODIR EM VENDAS E ALCANÇAR O SUCESSO EMPRESARIAL

Antes de abrir um negócio, é imprescindível que tenhamos uma visão nítida de onde estamos indo e que tenhamos acesso a informações precisas e relevantes sobre o nosso empreendimento. Em outras palavras, você precisa entender qual jogo está jogando e para onde está indo. Existe um dado do Sebrae segundo o qual 61% dos empresários não procura ajuda de mentores ou instituições antes de abrir o seu negócio, 55% não planeja como a empresa funcionaria em sua ausência e 55% não elabora um plano de negócios. Simplesmente começam criando um MEI, acreditam que isso basta e pronto. Mas não!

Quando necessário, seja flexível diante das reviravoltas apresentadas pelo mercado, esteja aberto a caminhar com pessoas que trazem novas técnicas e seja destemido em suas decisões.

Engana-se quem acredita ter clareza do que deseja quando inicia sua carreira no mundo empresarial dessa forma, e falo isso com propriedade porque já estive nessa situação e com esse pensamento.

A clareza começa cm uma profunda compreensão de nossos objetivos e metas, e obtê-la não é tão simples assim. O ruim é que só percebemos quando vem a avalanche. O fato é que quando temos um propósito claro em mente, nossas decisões se tornam mais focadas e direcionadas. É como traçar um mapa para nos orientar ao longo de nossa jornada como empresários.

Quando falo em mapa, quero que pense em "dados de sua empresa". Vendi a Way sem sequer ter em mãos dados precisos pedidos pelo comprador. Ele teve piedade de mim ao comprá-la pelo preço que comprou.

Arrisco a dizer que a motivação para nos tornarmos vendedores excelentes passa pelo desejo de querer muito dinheiro para viver bem ou ainda para pagar as contas e funcionários, dinheiro, dinheiro e mais dinheiro. A maioria dos brasileiros abre um negócio com esse impulso e esquece que antes dessa vontade deveria vir o desejo de planejar, elaborar estratégias e obter clareza dos processos futuros para se criar um negócio sólido e sustentável. Sei o quanto é dolorido nos tornamos excelentes vendedores e péssimos empresários. Por isso, preciso dizer que só conseguirá ter controle da sua empresa e da sua vida – e falo vida, porque quem empreende vive esse mundo dos negócios – quando tiver uma visão clara do seu empreendimento, caso contrário, permanecerá sem grandes resultados. Pare de acreditar que as vendas são a única forma de se "fazer dinheiro". Sim, existem outras maneiras, desde que, a partir de agora, você acompanhe e analise os dados muitas vezes ignorados. A clareza nos permite estabelecer metas realistas e mensuráveis, que servem como indicadores do nosso progresso.

Muitos empresários focam um único lado: a entrada e a saída do dinheiro e isso é um grande erro. Embora este seja o ciclo comum de um negócio, saiba que dinheiro entrando não é sinônimo de sucesso profissional. E quando falamos da saída dele, saiba que pode estar deixando sair uma quantia maior do que deveria. Você tem controle sobre isso? Saiba que uma análise aprofundada nos permite identificar oportunidades de crescimento.

Entretanto, o acesso às informações e aos dados não é apenas uma etapa inicial do seu negócio. Esse deve ser um processo contínuo. À medida que crescemos, enfrentamos novos desafios e oportunidades, e precisamos nos manter atualizados. A falta de clareza e o desconhecimento das informações podem levar ao fracasso. O segredo está no campo de visão. Se por outro lado, você acreditou até aqui que ter o domínio sobre esses detalhes extremamente importantes é para grandes empresários que já faturam milhões, tire isso da sua cabeça. Todo e qualquer empreendedor, seja ele grande, médio ou pequeno, e independentemente de qual seja o nicho de mercado, precisa conhecer duas coisas imprescindíveis: KPIs e OKRs.

O QUE SÃO KPIs

Key Performance Indicator, os KPIs nada mais são do que indicadores-chave de desempenho utilizados para mensurar a performance de sua empresa em relação a suas metas e objetivos estratégicos. Em outras palavras são indicadores que ajudam a perceber se você está no caminho certo ou não, se está progredindo ou se existem áreas a serem melhoradas.

Esses indicadores são escolhidos com base nos objetivos específicos da empresa, saber analisá-los é crucial para o monitoramento contínuo do desempenho. Além disso, os KPIs são uma ferramenta indispensável para alcançar e sustentar o sucesso empresarial em um mundo em constante evolução.

Por exemplo, se quero faturar um milhão, o que estou fazendo?

Quais são os meus números? Quais são os KPIs (indicadores) a serem aplicados para acompanhar o progresso em direção à meta de faturar 1 milhão de reais?

O QUE SÃO OKRs

Os Objectives, Key Results e Strategies, os OKSs são uma metodologia de gestão de metas que auxiliam empresas e equipes a atingirem seus objetivos mensuráveis de forma eficiente e focada. São compostos por **objetivos**, **resultados-chave** e **estratégias**.

- **Objetivos:** é o ponto de chegada almejado; são declarações claras para descrever o que a empresa deseja alcançar. Os objetivos devem ser desafiadores e, ao mesmo tempo, realistas.
- **Resultados-chave:** refere-se às métricas específicas e mensuráveis que indicam o progresso em direção aos objetivos. São usados para medir o sucesso e garantir o foco de todos nos resultados.

- **Estratégias:** são os planos de ações traçados para conquistar os resultados-chave e, consequentemente, alcançar os objetivos. Apresentam o caminho a ser seguido e as táticas a serem utilizadas para garantir o sucesso.

Em resumo, OKR é uma espécie de checklist ou tarefa a ser seguida para conseguir obter o resultando desejado e KPI é o indicador a ser analisado para saber se está no caminho certo para a conclusão dessas etapas com eficácia.

OS SETE KPIs MAIS IMPORTANTES PARA UMA PEQUENA OU MÉDIA EMPRESA

Bom, você já sabe que os KPIs são elementos fundamentais para o sucesso e crescimento de sua empresa, independentemente do seu nicho de mercado, ou se é um pequeno ou médio empresário. Sabe quais são os KPIs mais importantes?

Para pequenas e médias empresas, esses indicadores desempenham um papel ainda mais crítico, pois fornecem insights extremamente importantes para medir o desempenho, otimizar processos e tomar decisões estratégicas.

Quero trazer para você os sete KPIs mais importantes para sua empresa. A importância de se ter esses KPIs está relacionada à capacidade de sua empresa entender sua performance atual, estabelecer metas realistas e acompanhar o progresso. Vamos lá?

1. **Faturamento:** ter conhecimento deste KPI é, na verdade, o mínimo para todo empresário. Trata-se de uma métrica essencial de indicação da saúde financeira e do desempenho geral do seu negócio.
2. **Margem de lucro:** depois do faturamento, deve-se olhar a margem de lucro. Mas tenha muita atenção nessa hora. Se você vendeu 100 mil reais por mês não quer dizer que esse é o valor disponível para gastar. Lembre-se de que muitas vezes é preciso repor estoque ou, se trabalha com serviços, fazer a manutenção dos seus aparelhos, pagar o salário da equipe etc. Isso precisa estar muito claro. Todo empreendedor de sucesso nunca olha o faturamento para medir a lucratividade do seu negócio, muito pelo contrário, ele sabe fazer os cálculos corretos para chegar ao lucro líquido e usá-lo como métrica. Embora pareça óbvio o que está lendo, existem

ainda muitos empreendedores acreditando na equivalência entre faturamento mensal e lucro. Não caia nesse engano. Se está fazendo isso, repare quais têm sido suas ações e decisões e reprograme sua mente o quanto antes.

3. **Fluxo de caixa:** a atenção a este dado é extremamente importante, pois revela a disponibilidade de recursos financeiros em determinado período. Nada mais é do que saber quanto está entrando e quanto está saindo. Monitorar o fluxo de caixa é essencial para garantir a estabilidade financeira, minimizar riscos e assegurar a continuidade das suas operações. Busque ter esse controle diariamente; é algo que precisa estar claro e nítido.

4. **Custo de aquisição de clientes (CAC):** este KPI, que por sinal gosto de chamar de CPA (custo por aquisição), é o que mensura o investimento necessário para adquirir cada novo cliente. Para se ter uma projeção do que deseja fazer, você precisa ter clareza de quanto irá investir. Saber qual é o seu CPA é fundamental para garantir que os recursos sejam alocados de forma inteligente afim de obter a eficácia das ações. Por exemplo, quando vou realizar

O empresário de sucesso nunca olha o faturamento para medir a lucratividade de seu negócio. Ele sabe fazer os cálculos corretos para chegar ao lucro líquido e usá-lo como métrica.

o X Business, já tenho noção de quanto vou investir em marketing, tráfego e anúncios em geral, para conseguir a quantidade de pessoas desejadas no evento. Isso, porque me baseio nos históricos anteriores. Se eu não tivesse sequer noção do meu CPA, certamente, isso não seria possível.

> **"Ah, Jorge! mas eu não invisto em marketing"**
> Caso não invista em marketing já considere estar errado. Imagino que você já tenha um nível de consciência mais elevado e por isso deve saber que marketing não é algo supérfluo, e sim uma necessidade para toda e qualquer empresa. É por meio das ações de marketing que conseguirá identificar o quanto precisa investir para atrair um novo cliente. Faz sentido para você?

5. **Taxa de conversão:** deseja saber a eficácia das suas estratégias de marketing e vendas? Este KPI é o indicador que permite que isso seja possível. Quantas pessoas é preciso atender para conseguir vender? Você tem essa informação hoje? Caso receba uma ligação minha para dizer: "vou cuidar do seu marketing e prometo, olhando nos seus olhos, te encaminhar X clientes por mês, porém deve me dizer quantos clientes precisa para bater um milhão

em faturamento", você saberia dizer? De uma vez por todas, busque saber qual a sua taxa de conversão, porque ela é um indicador extremamente importante. Monitorar essa métrica permite identificar oportunidades de melhoria no funil de vendas, otimizar processos, aumentar a eficiência de sua equipe e, como consequência, aumentar as vendas.

6. **Retorno sobre investimento (ROI):** essa métrica deve ser analisada com mais frequência, pois ela permite saber o quanto de capital está empregando e o quanto está voltando por esse investimento. Ou seja, é um dado fundamental pois ajuda a direcionar os recursos de forma estratégica e garantir que os investimentos estejam alinhados com os objetivos de crescimento e sucesso do seu negócio. E embora seja muito usado no marketing, é também extremamente importante para o mundo do empreendedorismo.

7. **Satisfação do cliente:** vejo muitos empresários negligenciando esse KPI, o qual acredito ser o mais importante, pois mede o grau de contentamento dos seus clientes em relação

aos produtos ou serviços da sua empresa. Você pode seguir as três regras que ensino e realizar inúmeras vendas, se não souber como está o nível de satisfação do seu cliente, com certeza não conseguirá escalar seu negócio, pois não se sustentará por muito tempo. Cliente satisfeito é cliente que recomenda e, se não sabe, a indicação (marketing boca a boca) é uma excelente métrica para avaliar quão eficiente vem sendo a sua entrega.

Bom, esses são os sete principais KPIs necessários para se ter na ponta do lápis. Quando se tem acesso a essas informações, fica extremamente mais fácil para qualquer mentor poder ajudar. É bom não somente para ser mentoreado por alguém, como também para os momentos de tomada de decisões, quando, muitas vezes, pela falta de clareza no campo de visão, se está no "escuro".

OKRs NA PRÁTICA

Digamos que seu objetivo é faturar um milhão de reais no próximo ano. Como dito anteriormente, os OKRs (Objectives and Key Results) são uma metodologia de gestão de metas, composta por objetivos e resultados-chave, e utilizada para direcionar sua empresa rumo ao sucesso. Para alcançar sua meta de faturamento de um milhão de reais, é importante definir OKRs específicos e mensuráveis. Veja bem:

- Objetivo: faturar 1 milhão de reais.

KPIs a serem analisados:

Receita

Sua empresa precisa atingir um faturamento específico todos os meses. Nesse caso, de 83.333 reais. Logo, você precisa estar atento e analisar, a cada fechamento, se está atingindo a meta definida. Algumas pessoas preferem, e existe essa possibilidade, de destrinchar esse KPI em um escopo diário.

Por exemplo:

Vamos supor que você trabalha vinte dias por mês. Se pegarmos 83.333 reais e dividirmos por 20, saberemos que é preciso vender 4.166 reais por dia. Se não conseguir atingir a meta diária em um dos dias propostos, no dia seguinte, esse valor precisará ser recuperado. Ocorrendo com mais frequência, conquistar o objetivo passa a se tornar mais difícil. Provavelmente será necessário mudar as estratégias.

Número de vendas

É fundamental calcular a receita mensal e dividir pelo ticket médio para saber a quantidade básica de vendas. Ou seja, se tiver de vender 83.333 reais por mês e seu ticket médio for de 1.000 reais, será crucial fazer, em média, 83 vendas mensais. É preciso estar atento a esse número, além de olhar o faturamento. Os questionamentos a se fazer são: "será que estou fazendo a quantidade necessária de vendas por dia?" ou "quantas vendas faltam?"

Dividindo 83 vendas por vinte dias trabalhados, você sabe que precisará fazer quatro vendas por dia. Correto? Se ao chegar na metade do mês suas vendas forem inferiores a quarenta, com certeza há algo de errado acontecendo. Nesse momento é preciso perceber que existe um alerta aceso indicando a necessidade de analisar as estratégias outra vez.

Conversão

Observe quantos atendimentos serão necessários para conseguir converter um venda.

Digamos que você constata ser necessário falar com cem pessoas para fazer dez vendas, ou seja, sua conversão é de 10%.

Atendimento

Ao observar essa taxa é imprescindível, então, descobrir quantas pessoas deve atender todos os dias para conseguir fazer uma venda. Em nosso exemplo, se sua taxa de conversão é de 10% e você precisa fazer 83 vendas no mês, é indispensável falar com 830 pessoas. Só assim será possível realizar 83 vendas, só assim conseguirá 83.000 reais e só assim baterá seu faturamento de um milhão.

Perceba que estou trazendo algo aparentemente distante e impossível, e esmiuçando para você perceber que quando se tem clareza e foco, as coisas se tornam mais tangíveis.

Quantidade de leads

Aqui, o jogo começa a se aprofundar mais. Esse KPI se refere aos contatos fundamentais para seu negócio, o que leva à quantidade de atendimentos que você ou sua equipe precisa fazer para gerar o número necessário de vendas. Segundo nosso exemplo do faturamento de um milhão de reais, sabendo que você precisa fazer 830 atendimentos e a sua taxa de conversão é de 10%, será crucial trazer para seu time de vendas pouco mais de 8.300 leads por mês.

Nesse momento, você percebe que, ao olhar para esses números e acompanhar os indicadores, fica mais fácil analisar se a possibilidade de tornar real aquele sonho de faturar um milhão.

Estou tentando levá-lo ao extremo, fazer com que ultrapasse o seu limite, porém sempre com os pés no chão, trazendo a realidade. E para isso, segue uma dica de ouro:

Para que tudo isso seja factível e mais fácil, se faz necessário o uso de um CRM.

O CRM nada mais é do que uma estratégia de negócio e uma tecnologia de gestão que visa aprimorar o relacionamento com o cliente. Trata-se de um software composto por um conjunto de práticas e ferramentas que podem auxiliá-lo a conhecer melhor seus consumidores, entender suas necessidades, proporcionar um atendimento personalizado gerando uma melhor experiência e, além do mais, se bem aproveitado, é capaz de gerar KPIs para um acompanhamento mais preciso quanto ao número de vendas. Em resumo, é basicamente um *Kanban*² simples e você pode, facilmente, modelar no Trello ou em qualquer ferramenta gratuita, ou ainda contratar um CRM personalizado para sua empresa.

Veja bem as etapas que você precisa saber:

PROSPECÇÃO	EM CONTATO	APRESENTAÇÃO	NEGÓCIO	CONTRATO ENVIADO
Nome: Tel: Valor:	Nome: Tel: Valor:	Nome: Tel: Valor:	Nome: Tel: Valor:	Nome: Tel: Valor:
Nome: Tel: Valor:	Nome: Tel: Valor:	Nome: Tel: Valor:		
Nome: Tel: Valor:	Nome: Tel: Valor:			

1. **Prospecção:** nessa primeira etapa, a sua equipe de vendas, ou você mesmo, identifica e pesquisa potenciais clientes ou leads que podem ter interesse nos produtos ou serviços da sua empresa. É um momento crucial para a geração

---

2- Kanban é um sistema visual de gestão de fluxo de trabalho, no qual tarefas são representadas por cartões em um quadro, indicando o estágio em que se encontram. Facilita o acompanhamento das atividades, identificação de gargalos e otimização do processo, promovendo maior eficiência e colaboração na equipe.

de oportunidades e construção de um funil de vendas sólido;

2. **Em contato:** após a prospecção, a equipe entra em contato com os leads qualificados. Nessa fase, são realizadas ligações telefônicas, envio de e-mails, mensagens por WhatsApp ou outras formas de comunicação para estabelecer o primeiro contato e identificar o interesse e as necessidades do cliente em potencial;

3. **Apresentação/Atendimento:** na etapa do atendimento, a equipe de vendas apresenta os produtos ou serviços da empresa de forma mais detalhada, destacando os benefícios e soluções que podem atender às necessidades do cliente. É um momento de esclarecer dúvidas e criar um relacionamento positivo;

4. **Negociação:** nessa fase, inicia-se a negociação propriamente dita. São discutidas questões como preço, prazo, condições de pagamento, personalização de serviços, entre outros. Você ou sua equipe de vendas busca encontrar um acordo vantajoso para ambas as partes;

5. **Contrato enviado:** com uma negociação bem-sucedida, chegou o momento de formalizar

o acordo. O contrato é elaborado e enviado para o cliente, definindo os termos e condições combinados. Essa etapa é crucial para finalizar o processo de vendas e concretizar a transação.

Esse é um exemplo de um modelo básico de CRM para acompanhar o atendimento de sua equipe, e cada uma dessas etapas é fundamental para uma gestão eficiente do processo de vendas, garantindo que as oportunidades sejam bem conduzidas e convertidas em negócios fechados. O uso de um sistema CRM pode ajudá-lo a gerenciar cada fase facilitando a comunicação e organização das informações, o que resulta em uma abordagem mais estruturada e bem-sucedida em todo o ciclo de vendas.

Agora que os KPIs e OKRs já foram esclarecidos, aconselho você a nunca mais esquecê-los e levá-los por toda sua vida empreendedora, pois o segredo para fazer com que seu negócio seja sustentável e escale absurdamente é acompanhá-los de forma estratégica, utilizando o CRM.

USE MÉTODOS EFICAZES (MÉTODO CPT)

REGRA NÚMERO 2
O MÉTODO CPT É A CHAVE PARA MULTIPLICAR SEU LUCRO, PERMITINDO CONTRATAR QUALQUER TIPO DE PESSOA

Vejo muitos empresários se queixarem de uma certa escassez de mão de obra qualificada hoje em dia. Reclamam, contratam, demitem, contratam novamente, e assim se cria um círculo vicioso. Você já passou por isso? É sempre assim, porque é muito mais fácil terceirizarmos a responsabilidade dos erros cometidos em nossas empresas, do que assumirmos toda a responsabilidade, não é mesmo? Entenda algo, seus maus resultados são consequência de sua má gestão e não de seus funcionários.

É mais comum do que se imagina ver empresários contratarem uma pessoa qualquer e dizerem: "seja bem-vindo, este é o software que usamos." Em seguida, vira as costas e o pobre funcionário que "se vire". Ele não explicou como funciona a ferramenta, não treinou o colaborador e não o permitiu que se familiarizasse com os processos. Como se a pessoa, num passe de mágicas, fosse aprender tudo aquilo que precisa para, enfim, exercer sua função com excelência.

E agora pergunto, faz sentido reclamar da qualidade da mão de obra hoje em dia?

A grande questão é que o segredo não está na mão de obra e sim na contratação, nos seus processos e se há uma cultura empresarial enraizada para que as pessoas a sigam. Parto do princípio de que tudo é baseado na comunicação, porém não adianta querer criar uma comunicação de qualquer jeito.

Se você é o tipo de empreendedor que se queixa da dependência dos funcionários, preciso ser sincero. É você quem está criando essa sujeição, sabe por quê? Simplesmente por não conseguir comunicar ao seu time as ideias e tarefas que deseja executar e como as deseja executar. Você quer que, milagrosamente, as pessoas adivinhem e entendam o que deseja. Saber comunicar e criar afinidade com seus colaboradores leva tempo, exige processo bem definido e documentado.

PASSO A PASSO DO MÉTODO GPT

Passo 1: compreender os níveis de maturidade

Para comunicar de maneira eficiente, você precisa saber quais são os níveis de maturidade das pessoas contratadas, dos seus colaboradores e qual o grau de discernimento necessário que eles tenham. Quando isso ocorre, você sabe exatamente como conversar com cada um, fazendo com que a comunicação com sua equipe se torne mais assertiva.

- **Nível 1 – O iniciante:** é aquele que geralmente requer mais supervisão e treinamento para se adaptar ao ambiente de trabalho e entender suas responsabilidades. Além do mais, precisa de tempo para criar responsabilidade, começar a praticar e partir para o próximo nível;
- **Nível 2 – O intermediário:** esse, por sua vez, já é mais experiente e demonstra habilidades e conhecimentos em suas atividades, porém ainda necessita de um líder para direcionar as demandas;

- **Nível 3 – O avançado:** sua vasta vivência significa autonomia. Nesse estágio, ele é reconhecido por suas habilidades e pode ser frequentemente procurado para ajudar e apoiar os outros colaboradores da empresa, porém, para sua segurança, precisa de alguém ao seu lado para dar apoio e supervisionar o que está fazendo;
- **Nível – O expert:** é aquele que consegue exercer suas funções, ou o que for necessário, sozinho e sem a aprovação ou apoio de alguém. São funcionários altamente qualificados para resolver problemas complexos e valorizados por sua experiência e contribuições significativas para a empresa.

Passo 2: identificar o perfil de cada colaborador e compreender onde cada um se encaixa

Ao identificar o nível de maturidade de cada um dos seus colaboradores sua comunicação flui de maneira mais assertiva, o que permite uma abordagem personalizada no desenvolvimento e acompanhamento de cada um deles. Isso garante que eles se sintam apoiados, motivados e engajados com a cultura da empresa.

Algo importante para se ter em mente é que a comunicação, embora seja essencial para o negócio, não é a chave para a produtividade. Seus colaboradores não são máquinas, cada um deles têm personalidades, comportamentos e habilidades únicas e diferentes. Cada pessoa é boa em determinada função e, para extrair o melhor de cada uma delas, é necessário descobrir as habilidades individuais e identificar no que cada um se destaca.

Quando comecei a identificar onde meus colaboradores se encaixavam melhor, passei a colocá-los cada um em suas funções, ou seja, pessoas certas nos lugares certos. Isso possibilitou um aumento significativo na lucratividade da empresa.

Lidar com o ser humano é um desafio fascinante. Nossas experiências de vida moldam quem somos e, muitas vezes, essas marcas influenciam nossos comportamentos na vida adulta. Quando a abordagem é dentro das empresas, o desafio se intensifica. No entanto, existem algumas ferramentas poderosas que tornam essa jornada mais fácil e esclarecedora, como o Eneagrama e o DISC.

Essas duas abordagens são extremamente eficientes no processo de conhecimento profundo do perfil comportamental dos nossos colaboradores. A análise comportamental por meio do DISC, em particular, merece destaque. Ela nos oferece uma visão das características individuais, permitindo uma compreensão mais ampla e precisa de como cada membro da equipe funciona. E foi dessa maneira que identifiquei o perfil de cada um dos meus colaboradores dentro do Grupo X.

Pode parecer um assunto complicado para quem não está familiarizado com ele. Por exemplo, em uma conversa em uma mesa de bar, você pode ouvir alguém dizendo: "aquela pessoa é perfil dominante, aquela ali é estável, a outra é influente". Talvez nada disso seja compreensível e isso pode soar como uma linguagem estranha se você não estiver familiarizado com o conceito da metodologia DISC. Mas muitos já conhecem, principalmente porque nos últimos anos se tornou muito popular. Essa análise nos ajuda a compreender como diferentes pessoas agem e se comportam.

ENTENDENDO A METODOLOGIA DISC

O DISC é uma ferramenta de análise comportamental que classifica as pessoas em quatro perfis principais: dominância (D), influência (I), estabilidade (S) e conformidade (C).

Com o DISC conseguimos decifrar os padrões comportamentais, identificar preferências de comunicação e entender as motivações de cada pessoa. Isso proporciona a possibilidade de um ambiente de trabalho mais harmonioso, em que cada colaborador se sente compreendido e valorizado em suas particularidades.

- **Dominante (D):** são pessoas determinadas, focadas em resultados e líderes por essência. Gostam de desafios, tomam decisões rapidamente e tendem a ser diretas e assertivas em suas comunicações.
- **Influente (I):** nesse perfil encontramos pessoas comunicativas, sociáveis e persuasivas. Têm facilidade em motivar e inspirar os outros, são frequentemente extrovertidas e gostam de estar no centro das atenções. É aquele colaborador perfeito para estar na área de vendas.
- **Estabilidade (S):** são calmas, pacientes, leais e colaborativas. Valorizam a harmonia no ambiente de trabalho porque adoram trabalhar em equipe e são ótimas ouvintes. Preferem sempre evitar conflitos. São excelentes profissionais para serem colocados no RH, em serviços de endomarketing, customer success, pós-venda etc.
- **Conformidade (C):** são aquelas pessoas analíticas, detalhistas, organizadas e precisas. Valorizam a qualidade do trabalho e seguem regras, procedimentos e padrões estabelecidos sem esforço. São colaboradores que podem ser

direcionados para trabalhar no financeiro ou back office.

Quando você, como empresário, começa a compreender tudo isso e, principalmente, como as pessoas são, percebe que o mundo dos negócios é uma espécie de um xadrez, e assim passa a mexer as peças certas para o lugar adequado.

A partir do momento que entendemos estes dois pontos – comportamento e nível de maturidade – compreendemos o segredo da **produtividade lucrativa**. O Método CPT se baseia nisso, e com ajuda dele, você poderá contratar qualquer tipo de pessoa para a sua empresa. Agora, ao analisar perfis comportamentais e identificar os graus de discernimento, será fácil contratar as pessoas certas para os cargos certos, sem dores de cabeça e queixas por falta de mão de obra. Porque, afinal, a pessoa oportuna não é aquela pessoa que realiza tarefas em um passe de mágica, mas sim que tem o nível de maturidade e o comportamento ideal para cada função.

EXEMPLO DE EMPRESAS E SUAS CONTRATAÇÕES

Burguer King

No Burger King, a equipe segue um padrão, sendo 1 o nível de maturidade, um patamar baixo. Qualquer pessoa que siga as orientações conseguirá realizar um bom trabalho.

Chilli Beans

Já na Chilli Beans, o nível de maturidade é mais elevado, e é necessário um perfil DISC I. Como geralmente não há um líder presente nos quiosques, é preciso alguém com nível de maturidade 3 para garantir a realização correta do trabalho.

Riachuelo, Renner e Grupo X

Na Riachuelo, assim como na Renner e em meu próprio caso, no Grupo X, há um processo de contratação e capacitação para a área de vendas. Essas empresas investem no ensino, capacitação e seleção dos melhores profissionais. Por outro lado, empresas que não cumprem esse processo de qualificação acabam recrutando profissionais experientes que já foram treinados em outras empresas.

Essa prática ajuda a garantir o bom preparo da equipe, a fim de oferecer um serviço de qualidade.

Quando você começa a entender, absolutamente tudo muda.

COMO FUNCIO O MÉTODO CPT

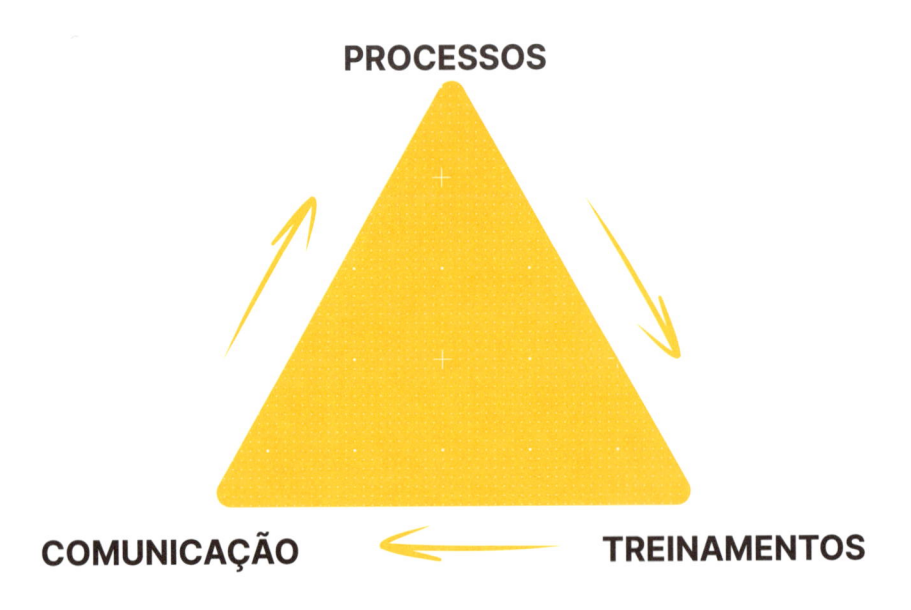

PROCESSOS

COMUNICAÇÃO **TREINAMENTOS**

O Método CPT é uma criação própria, desenvolvida para facilitar as contratações na minha empresa. Após testá-lo e comprovar sua eficácia, decidi compartilhar essa metodologia com outras pessoas. O objetivo é auxiliar outros empresários a fazerem contratações mais assertivas, encontrarem os profissionais adequados para suas equipes e colocá-los nas funções certas em suas empresas.

Este método é composto por três pilares básicos: comunicação, processo e treinamento, sendo a comunicação a base fundamental para alinhar as expectativas e transmitir os processos para a equipe. É um ciclo contínuo: comunicamos, realizamos os processos e depois partimos para o treinamento. Esse ciclo se repete infinitamente, garantindo a eficácia do método. Logo, ouso dizer que é impossível utilizar esse método e não aumentar a produtividade do seu time e, consequentemente, o seu lucro.

Quando menciono o aumento do lucro, não estou falando apenas sobre o número de vendas, mas também sobre a redução de custos. Para obter uma maior lucratividade, é essencial buscar formas de otimizar os processos, visando a eficiência da sua equipe. Esse método entrega isso.

Resumindo, para implementar o método CPT, é imprescindível ter um diálogo eficaz com sua equipe e contar com sistemas e ferramentas que facilitem essa comunicação. Além disso, é fundamental estabelecer processos bem definidos e alinhados, criar uma cultura empresarial sólida e promover estratégias de marketing.

A cultura de liberdade e o trabalho em equipe também são importantes para o sucesso do método CPT.

EXEMPLOS DE EMPRESAS QUE IMPLEMENTARAM O MÉTODO

Veja as imagens a seguir:

Colégio BN

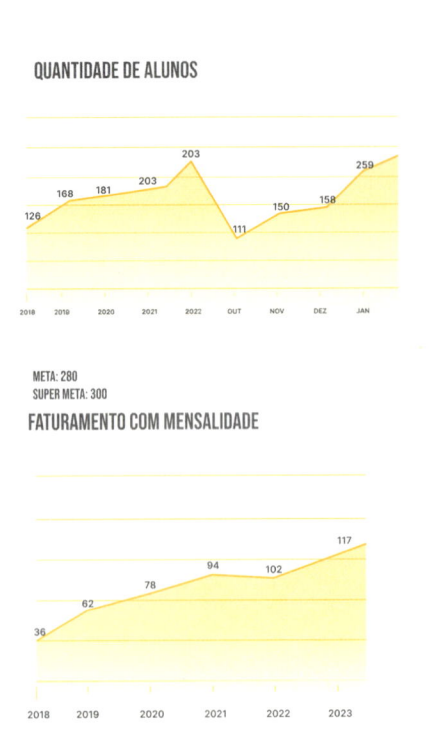

QUANTIDADE DE ALUNOS

2018	2019	2020	2021	2022	OUT	NOV	DEZ	JAN
126	168	181	203	203	111	150	158	259

META: 280
SUPER META: 300

FATURAMENTO COM MENSALIDADE

2018	2019	2020	2021	2022	2023
36	62	78	94	102	117

FOLHA SALARIAL

- R$ 51.000,00
- R$ 48.000,00
- R$ 40.000,00
- R$ 38.000,00
- R$ 30.000,00

2020 2021 2022.1 2022.2 2023

MATRÍCULAS — 2022 X 2023

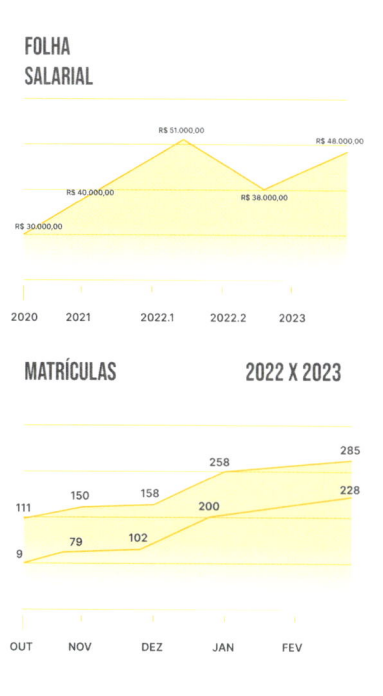

- 9, 79, 102, 200, 228
- 111, 150, 158, 258, 285

OUT NOV DEZ JAN FEV

Nesse exemplo, ao utilizar o método CPT, além de aumentar as vendas, o gestor dessa escola em Manaus, também conseguiu diminuir os custos operacionais ao ter os processos bem definidos em seu negócio. Isso contribuiu para o aumento da lucratividade, uma vez que otimizou a eficiência da empresa. Com processos mais claros e bem estruturados, houve um acréscimo nas vendas de matrículas, o que demonstra a eficácia e importância do método em promover uma evolução sustentável do negócio.

Reguladora de Sinistros

> **PRODUTIVIDADE:**
>
> **ACIONAMENTO X ENVIO**
> 2022: 65,38 DIAS CORRIDOS
> 2023: 31,92 DIAS CORRIDOS
>
> **ÚLTIMO DOCUMENTO X ENVIO:**
> 2022: 8,12 DIAS ÚTEIS
> 2023: 2,39 DIAS ÚTEIS

No exemplo dessa reguladora de sinistros, localizada em Curitiba, antes de implantarem comunicação, processo, treinamento, o tempo necessário para concluir o curso do seguro após um acidente de carro, era de 65 dias corridos. Porém, com a aplicação do método CPT e uma análise minuciosa, esse prazo foi reduzido para 31 dias em sua totalidade e o último documento de envio passou de oito para quase três dias. Isso foi surpreendentemente incrível.

Ao mudar os processos e a comunicação interna, eles conseguiram aumentar sua capacidade de atendimento e receber mais demanda. Antes, estavam rejeitando clientes devido à falta de recursos para atender a todos. No entanto, ao implementar o método CPT e otimizar o tempo em até 50%, puderam praticamente dobrar suas operações sem a necessidade de contratar mais pessoas. Isso mostra como a organização dos procedimentos e a comunicação eficiente podem potencializar a produtividade da equipe existente.

Ao começar a implementar o método CPT e analisar o perfil e nível de maturidade da equipe dentro da sua empresa, abre-se um mundo de possibilidades. Você pode identificar habilidades individuais, colocar as pessoas nas funções certas, promover um ambiente de trabalho mais harmonioso e aumentar a produtividade geral da equipe. Isso resulta em um negócio mais eficiente, lucrativo e preparado para enfrentar os desafios do mercado.

DÊ FOCO AO SEU NEGÓCIO PARA ALCANÇAR A ESCALA 10X

REGRA NÚMERO 3
ALCANCE A ESCALA 10X FOCANDO TOTALMENTE NO SEU NEGÓCIO E VEJA SEUS RESULTADOS DECOLAREM.

Agora, das três regras, essa talvez seja a menos técnica, porém isso não a faz menos importante. Muito pelo contrário, ela complementa e comprova a eficácia do Protocolo X Treme.

Muitas pessoas acreditam que o segredo para escalar o negócio está em migrar para o mundo digital. Embora saiba que o marketing digital cresceu muito, principalmente por causa da pandemia, seu crescimento exponencial deve-se à situação atual. Algumas pessoas acreditam que agora, com o marketing digital, todos podem se tornar milionários e viver uma vida de luxo em Alphaville.

Mas a realidade é que nem todos têm sucesso nesse meio. Existem muitas pessoas em Alphaville enfrentando dificuldades financeiras e lutando para pagar suas contas de luz atrasadas para evitar o corte de energia. Alguns tentam projetar uma imagem de sucesso que não corresponde à realidade. Não estou generalizando, pois há muitos empreendedores bem-sucedidos no marketing digital também. Quero deixar isso claro. Mas é importante reconhecer que nem todos alcançam o mesmo nível de sucesso.

É verdade que algumas pessoas estão brincando com o sonho alheio e vendendo uma ideia de sucesso inexistente no mundo digital. Isso criou uma falsa crença de que o segredo para escalar um negócio está apenas no digital. É importante utilizá-lo como uma ferramenta de comunicação para o seu negócio, mas não é a única solução.

O universo do marketing digital está se profissionalizando e isso é positivo. As pessoas estão percebendo a necessidade de agir de forma profissional, de pagar impostos, e contratar uma equipe de vendas, e entendendo que não basta apenas abrir um link para obter resultados.

O mundo digital é como qualquer outro negócio e requer gestão de vendas, de pessoas, de processos e financeira. É preciso dedicar-se ao negócio com seriedade, literalmente dar a vida por ele. Se você não está obtendo resultados em seu negócio, não adianta pular de uma oportunidade para outra. É importante focar e trabalhar com dedicação para obter sucesso em sua empresa.

Sei que todos temos amigos que pulam de galho em galho, buscando fórmulas mágicas e milagres para obter sucesso em seus empreendimentos. No entanto, o segredo da escala está em focar o seu negócio. É importante deixar de acreditar em soluções miraculosas e concentrar-se em construir algo sólido.

> Os empreendedores milionários do digital focam o seu negócio e não dividem atenção

EMPREENDEDOR X EMPRESÁRIO

Existem dados que comprovam que pequenos e médios empresários são os que mais geram empregos no Brasil, tendo modelos de negócios seguros e rentáveis. Muitas vezes, a busca pelo mundo do marketing digital pode levar a frustrações e prejuízos financeiros.

O sucesso no marketing digital exige lidar com o trabalho como um verdadeiro *business*, com gestão

Pequenos e médios empresários são responsáveis por 70% das vagas de emprego geradas anualmente no Brasil.

adequada e estratégias bem definidas. É importante ter um planejamento e dedicar-se ao negócio com seriedade e foco. Os milionários do digital alcançaram sucesso porque dedicaram tempo e atenção ao seu empreendimento, vivendo e trabalhando nele constantemente. Entender que é uma empresa de verdade é o caminho para obter resultados positivos e sustentáveis.

Já o empresário, que também foi empreendedor um dia, arrisca dentro do negócio que criou. Ele pode investir em outros empreendimentos, mas não vive intensamente cada um deles.

Entenda uma coisa: todo empresário é um empreendedor, mas nem todo empreendedor é um empresário. Como assim? Todo empresário empreende dentro do negócio que ele deu a vida. Eu, por exemplo, sou um empreendedor dedicado ao Grupo X. Vivo o Grupo X, ele é minha paixão e minha prioridade. Ainda assim, estou me tornando empresário de outros negócios, como uma agência de marketing e a Maestro University Academy. Nesses projetos, vou investir dinheiro e analisar os KPIs e números, mas não pretendo me dedicar intensamente a eles como faço com o Grupo X, pois é nele que concentro meu foco principal e minha energia diária. Meu objetivo é fazer o Grupo

X prosperar e, ao mesmo tempo, buscar novas oportunidades para expandir meus investimentos, garantindo um crescimento sustentável e diversificado.

No mundo do marketing digital, é importante focar e evitar cair na ilusão de fórmulas mágicas para o sucesso. Muitos pulam de galho em galho, buscando oportunidades, mas a verdadeira escala está na dedicação ao seu negócio principal.

Você está, de fato, preparado para ser um empresário?

Ao investir tempo e dinheiro em novos empreendimentos, é essencial avaliar se o negócio atual já atingiu seu potencial e está escalando adequadamente. O empreendedor deve ter processos bem definidos, garantindo que a empresa sobreviva sem sua presença constante.

Antes de entrar em novos negócios, é crucial fazer algumas perguntas:

- Seu negócio já atingiu a escala desejada?
- Seu negócio tem processos bem definidos?
- Seu negócio sobrevive sem você?
- A nova oportunidade proporcionará um retorno sobre o investimento, levando em consideração o valor do seu tempo?

Se a resposta for "não" para qualquer uma dessas perguntas, é hora de valorizar e focar o seu empreendimento principal. Foque, valorize o seu negócio e evite dispersar sua energia em outras oportunidades antes de atingir todo o potencial do que já construiu.

Vou te dar um conselho. Se você é um empreendedor, mergulhe profundamente em seu negócio, mantenha o foco, pois foi ele que te trouxe até este ponto. E ele o levará aonde deseja chegar.

O tempo para dedicar ao negócio é um ponto crucial. Mesmo que os resultados não sejam satisfatórios atualmente, se eles já mostraram potencial em algum momento, é apenas uma questão de alinhar estratégias para se ter bons frutos. Aproveite a experiência adquirida ao longo do caminho e seja resiliente na busca por soluções que possam impulsionar seu negócio novamente. Com foco e determinação de sua parte, é possível encontrar o equilíbrio necessário para que seu empreendimento alcance novos patamares e objetivos.

Se você já teve a capacidade de vender 10 mil, 20 mil, 50 mil ou 100 mil em um dia, ou até mesmo atingir milhões em um mês, e atualmente não está alcançando esses resultados, é possível que tenha ficado estagnado e esteja dividindo sua atenção com outras atividades que não te ajudam a conquistar esse sucesso. Se essa conquista foi alcançada antes, significa que pode ser conquistada novamente. A chave está em redesenhar suas estratégias. Reflita sobre o que funcionou bem no passado e analise o que pode estar impedindo o mesmo desempenho agora. A revisão e a atualização de seus planos podem ser essenciais para superar os desafios atuais e retomar o crescimento. É importante focar as atividades que realmente contribuem para o sucesso do seu negócio e eliminar aquelas que só estão gerando desgaste físico, emocional e, além disso, consumindo tempo passível de ser dedicado em algo que trouxesse retorno.

E por falar nesse bem tão precioso que é o nosso tempo, você sabe quanto custo o seu? Já parou para fazer as contas e descobrir o preço de sua hora trabalhada?

Minha dedicação é inteiramente voltada para o Grupo X. No último ano, minha empresa alcançou um faturamento de 9.2 milhões, e como CEO, sou o responsável por todo esse resultado. Meu tempo e esforço foram fundamentais para que isso se concretizasse. É claro que não fiz isso sozinho. Conto com uma equipe de treze funcionários e uma equipe terceirizada, totalizando cerca de vinte pessoas, que estão envolvidas em todo o Grupo X e foram essenciais para essa conquista. No entanto, fui eu que fiz acontecer.

Desenvolvi as estratégias, conduzi as discussões e dei vida a esse projeto. Investi dinheiro, chorei, passei noites em claro trabalhando para tornar isso realidade. O comprometimento que coloquei nesse negócio são refletidos em cada ação e decisão que tomei.

Hoje, sei exatamente o valor do meu tempo. Fazendo o cálculo do faturamento diário, percebo que cada dia equivale a 25 mil reais. É uma quantia significativa, por isso investir esse tempo em outras atividades ou projetos requer uma análise cuidadosa. Em função disso é extremamente importante ter noção do custo do seu dia para repensar se vale a pena investir seu tempo em outros projetos.

Um dia a menos focando o Grupo X significa perder 25 mil reais em faturamento. É exatamente por isso que, diante desse contexto, quando me procuram com a oferta de mentoria individual eu recuso. Pois, se for fazer uma consultoria personalizada, teria que cobrar no mínimo 100 mil reais. Sei que no mercado atual, uma mentoria com esse valor não seria viável, pois as pessoas provavelmente encontrariam outras opções disponíveis. Não haveria um mercado em que eu pudesse ser competitivo.

Com toda certeza eu poderia proporcionar resultados muito além de 100 mil reais com a minha mentoria, mas a competitividade do mercado me faz repensar essa estratégia. Prefiro concentrar minha energia e valor em outras atividades que possam gerar frutos mais expressivos.

Isso significa que, se eu destinar meu tempo a outra operação, como abrir uma sorveteria ou qualquer outro negócio, isso deve gerar um faturamento superior a 25 mil reais diariamente, pois, caso contrário, não faria sentido.

A razão é simples: deixar de trabalhar e focar uma empresa que me proporciona uma margem de lucro superior a 50% para abrir outro negócio e me dedicar a ele sem que me ofereça o mesmo potencial financeiro não faz sentido algum. Seria comprometer o meu negócio principal. Entende?

Como você investirá seu tempo em outro negócio se o atual ainda não traz os resultados que espera? Não queira ser um empresário se ainda não consegue cumprir o seu papel de empreendedor com maestria.

CAPÍTULO 06

PEQUENOS E MÉDIOS EMPREENDEDORES: A CHAVE DA ECONOMIA BRASILEIRA

CONCLUSÃO

Com espírito visionário e determinação, esses empreendedores são os pilares que sustentam o crescimento econômico do país.

Por meio de ideias inovadoras e iniciativas corajosas, impulsionam setores-chave da economia, gerando empregos e oportunidades para a população. Seus negócios não apenas fomentam a produção local, como também contribuem para a estabilidade financeira do Brasil. Veja bem estes dados:

> Aproximadamente 1.590.000 resultados (0,36 segundos)
>
> Os dados correspondem ao mês de novembro de 2021. Na avaliação do Sebrae, há 15 meses seguidos os pequenos empresários geram a maioria das vagas de emprego no Brasil. A média mensal do período é superior a 70% de participação na criação de novas vagas. 26 de jan. de 2022
>
> ebc.com.br
> https://agenciabrasil.ebc.com.br › economia › noticia › p...
> **Pequenas empresas são responsáveis por 76% dos novos ...**

> MERCADO E VENDAS
>
> **Micro e pequenas empresas geram 27% do PIB do Brasil**
>
> Em dez anos, os valores da produção gerada pelos pequenos negócios saltaram de R$ 144 bilhões para R$ 599 bilhões

No Brasil, é muito comum a valorização da grande indústria, dos investimentos e das startups. No entanto, me chama realmente atenção o que revela essa pequena parte da matéria: "há quinze meses seguidos, os pequenos empresários geram a maioria das vagas de emprego no Brasil". Acho isso extremamente inspirador e é por essa razão que valorizo tanto esse universo.

A média mensal desse período representa uma participação de 70% na criação de empregos. Você tem ideia do que isso significa? Os pequenos e médios empresários são responsáveis por 70% das novas vagas de emprego que são geradas ao mês. Somos nós, empreendedores, que pagamos a conta e fazemos a economia do Brasil girar.

É uma estatística extremamente importante que mostra o impacto significativo que temos na geração de empregos e no crescimento econômico do país. A dedicação e o esforço dos pequenos e médios empresários são fundamentais para impulsionar a economia e criar oportunidades de trabalho para a população. Claro que existem inúmeros desafios que são enfrentados diariamente, mas é gratificante saber que nosso suado trabalho não apenas sustenta nossos negócios, como também ajuda a sustentar famílias e a fortalecer a economia como um todo.

Minha missão e propósito de vida é incentivar e auxiliar essas pessoas a construírem negócios sólidos e escaláveis porque assim poderão gerar ainda mais empregos e, dessa maneira também contribuirei para o crescimento da economia do meu país.

É gratificante pensar que meu trabalho pode fazer diferença e colaborar com o desenvolvimento do Brasil. Algumas pessoas podem enxergar como algo muito pequeno, porém, enxergo como uma grande oportunidade de se cumprir a visão de um jovem louco disposto a impulsionar o mundo. Cada empresário que ajudo a alcançar o sucesso e a expansão de seus negócios é uma vitória extremamente importante para mim.

Veja isto:

MERCADO E VENDAS

Micro e pequenas empresas geram 27% do PIB do Brasil

Em dez anos, os valores da produção gerada pelos pequenos negócios saltaram de R$ 144 bilhões para R$ 599 bilhões

---

Esse é o poder que carrega quem tem uma mercearia, que trabalha com prestação de serviços, que tem um salão de beleza, uma mecânica ou qualquer outro negócio.

Você está dentro dessa média e é responsável por fazer a economia do Brasil acontecer.

Perdoe o palavreado, mas é a pura realidade. Somos nós que fazemos essa "porra" funcionar. Somos nós que tornamos o Brasil o que ele é hoje, gerando empregos e movimentando o país. Não adianta negar. Eu mesmo ainda me considero um pequeno/médio empreendedor, e farei tudo o que estiver ao meu alcance para incentivar cada vez mais esse grupo. Este livro é apenas mais um exemplo disso. Apesar de já ter abordado essas regras de várias outras formas diferentes, aqui trago ainda mais conteúdo para contribuir para o sucesso de todos.

Com anos de experiência como mentor de centenas de empresários e impactando mais de 100 mil mentes empreendedoras por meio das minhas imersões, comecei a ensinar esses conceitos e regras de diversas maneiras. Porém, mesmo identificando esses números e mostrando o potencial do empreendedor no Brasil, ainda percebo que muitas pessoas continuam enfrentando dificuldades para avançar. O grande motivo para isso é que alguns empreendedores, com os quais conversava, encontravam dificuldades para implementar essas regras.

Como mencionei nos capítulos anteriores, nós não temos aquilo que não sabemos. Em outras palavras, as pessoas não conseguem fazer algo porque ainda não aprenderam como fazer. No entanto, existem aquelas pessoas que sabem, aprendem, mas ainda assim encontram dificuldades em aplicar o conhecimento.

Eu costumava pressioná-los; muitas vezes colocava o dedo na ferida e esperava que eles fizessem o necessário a qualquer custo, acreditando que a razão para não agirem era a falta de aprendizado. No entanto, com o tempo, percebi que alguns empresários também não atingiram o nível de maturidade 4. Alguns deles têm um nível de maturidade 3 ou até 2. O conceito de nível de maturidade, mencionado anteriormente e aplicado aos colaboradores, também diz respeito aos empresários. Mesmo que tenham o conhecimento, devido às experiências e frustrações com resultados ruins, empresários enfrentam dificuldades para avançar. Muitos encaram adversidades em sua jornada, principalmente devido ao seu nível de maturidade empreendedora.

Muito se sentem sozinhos e a solidão é um sentimento comum nesse universo. Muitos acreditam em seus negócios, no processo e no potencial do empreendimento, mas acabam encontrando empecilhos em sua trajetória e não conseguem implementar as três regras fundamentais. Isso os leva a cair em um círculo frustrante, em que a busca incessante por dinheiro se torna o foco principal.

Como mentor, entendo perfeitamente essa situação e compartilho da frustração. No entanto, compreendo o motivo por trás disso. A solidão pode ser um grande obstáculo para o empreendedor, pois sem um suporte adequado, a escalada rumo ao sucesso se torna ainda mais desafiadora.

Por isso, me coloco no papel de estar presente e oferecer o suporte necessário a você, empreendedor. Estar incentivando e compartilhando conhecimento, é essencial para superar essa solidão e trilhar um caminho mais assertivo.

Tenho certeza de que ao estabelecer uma conexão com você, empreendedor, por meio deste livro, posso ajudá-lo a enxergar novas perspectivas usando as ferramentas contidas aqui, a fim de auxiliá-lo a implementar as regras e estratégias necessárias para alcançar o seu sucesso.

Embora este livro seja capaz de trazer o conhecimento para tornar sua empresa um verdadeiro case de sucesso, sei da importância de se ter uma rede de apoio para tornar o fardo mais leve. Desejo que encontre o apoio necessário para seguir em frente, alcançando suas metas e ultrapassando seus próprios limites, assim como Hillary e Norgay fizeram na conquista do Monte Everest. O sucesso está ao alcance de todos aqueles que persistem e acreditam.

O sucesso está ao alcance de todos aqueles que persistem e acreditam.

CONCLUSÃO

Que possamos continuar essa jornada, inspirando uns aos outros e construindo um caminho de crescimento exponencial. Lembre-se de que a desistência é uma escolha, assim como o sucesso. Portanto, escolha fazer o que deve ser feito até que ele bata à sua porta.

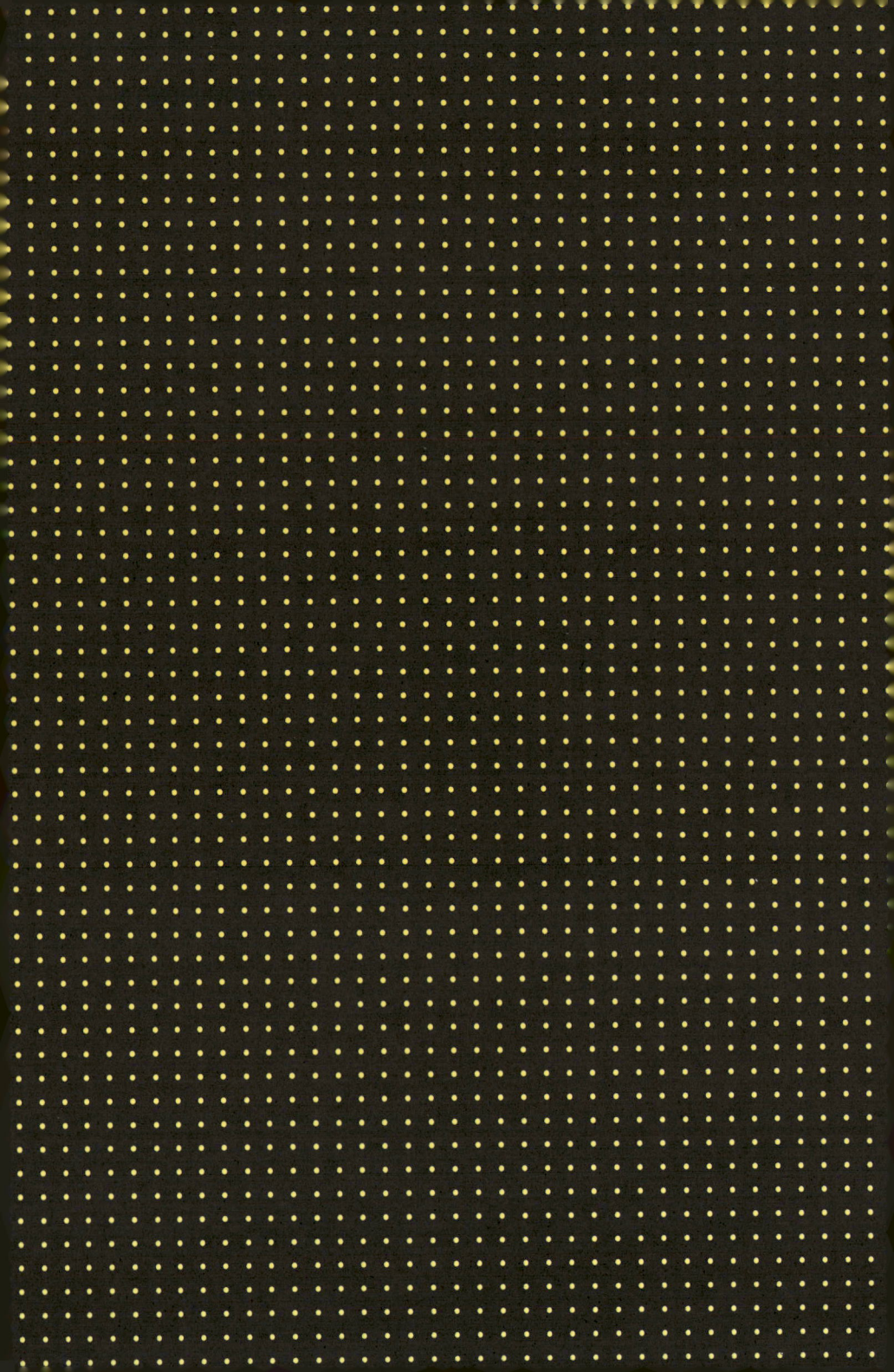

CONCLUSÃO

CONCLUSÃO

Não temos aquilo que não sabemos. É extremamente importante compreendermos a verdade nessa frase, pois vivemos em um mundo cego e obscurecido. Ao impormos limites à nossa mente, seja por influência de nossa criação ou das experiências passadas, tendemos a permanecer como estamos, apegados a "verdades" que carregamos. Isso ocorre simplesmente porque não temos ideia da necessidade de algo que nem sequer sabemos que existe.

Como podemos saber que o mar é salgado se nunca entrarmos nele para sentir o gosto? Talvez possamos obter informações por meio de outras pessoas ou até ter vislumbres por meio de imagens e filmes, o que nos leva a acreditar em sua beleza e magnificência, e que entrar naquela imensidão de água deve ser uma experiência incrível e surreal. E, de fato, é, mas e se o mar estiver em uma região extremamente fria? Aquela imagem pode ser linda, mas você somente saberá, de fato, se a sensação será boa, se escolher mergulhar e vivenciá-la.

E por que estou compartilhando esse contexto? Porque uma das minhas missões é remover as vendas dos olhos das pessoas. Há muitas possibilidades que empresários de pequeno e médio porte desconhecem. Existe uma ampla gama de formas de gerar renda e até de evitar perdas financeiras. A noção equivocada de que o sucesso é baseado unicamente em vendas e mais vendas é desmistificada à medida que avançamos, e se chegou até aqui, pôde perceber que isso é real. A única maneira de realmente conquistar o topo no mundo corporativo é com uma gestão capacitada, um negócio qualificado e, melhor ainda, se tornando um empresário, um empreendedor de maestria. Esse é o ponto.

Você deve compreender a necessidade de visualizar o mundo corporativo em sua totalidade e dominar os aspectos abrangentes dos negócios, como gerenciamento de pessoas, processos, finanças, marketing, marketing digital e inteligência emocional. Adquirir essa bagagem é fundamental para manter o controle do seu negócio e alcançar o tão sonhado topo, onde vender nem sempre é a única solução. Em alguns casos, a prática das vendas pode até resultar em prejuízos, se não tiver controle do seu negócio. No entanto, compreender esses aspectos é apenas o primeiro passo; colocá-los em prática é crucial.

Esse mundo é desafiador e completamente cruel, e caso esteja despreparado ou não saiba se adaptar, será conduzido ao fracasso. Por isso, a minha missão é instruir e capacitar o maior número possível de empresários no Brasil, pois, ao capacitá-los para a geração de mais

CONCLUSÃO

empregos, estarei contribuindo para a economia do país. Acredito piamente que a educação é a única solução para o Brasil.

Com essa visão, dei origem ao X Business, a maior imersão de negócios e networking da América do Sul. Nessa imersão, compartilhamos três dias intensos com milhares de empresários, explorando todos os ângulos de um negócio. Minha abordagem concentra-se não apenas no empreendimento em si, mas também na mentalidade do empreendedor, fornecendo-lhes ferramentas e técnicas essenciais e fortalecendo-os para enfrentar os desafios do mundo dos negócios. Até hoje, realizamos mais de dez edições do evento, com mais de nove edições até o presente ano de 2023.

O X Business é um acontecimento único, no qual convidados especiais como Felipe Titto, Danilo Gentili, João Kepler, Mario Gazin e Thiago Nigro compartilham suas experiências, com o intuito de ensinar aos pequenos e médios empresários como enriquecer seus negócios. Talvez você, que está lendo este livro e chegou até esta conclusão, já esteja pronto para a próxima etapa. Se ainda não participou do X Business, para garantir um desconto de 30% no próximo evento acesse o link: http://www.jorgekotz.com.br/xbusinesslivro.

Este livro é apenas o começo, um pequeno passo em um vasto universo. Portanto, ao aplicar o que aprendeu você terá resultados, mas pode dar um passo adicional e participar do próximo X Business. Se já participou, pode aproveitar esse desconto para presentear alguém e mostrar o impacto positivo que pode ter. Quanto a você, aproveite a oportunidade para expandir seus horizontes além do que aprendeu aqui. Se está disposto a remover as barreiras que o impedem de conquistar o topo, vá adiante e busque mais. Quero ainda continuar a incentivá-lo a se mover em direção ao sucesso.

Meu maior desejo é retirar as vendas que encobrem seus olhos, ser um guia e mostrar o caminho a seguir. Forneço ferramentas para dominar e alavancar seus negócios, assim como fazemos nos eventos, quando também recebemos no palco empreendedores que deram um passo a diante e elevaram seus faturamentos, multiplicaram, triplicaram, quadriplicaram seus resultados e, em alguns casos, aumentaram dez vezes mais. Isso ocorre porque não apenas ensino técnicas e ferramentas, mas também os preparo para jogar o jogo, para se lançarem no mar. Afinal, dizer que o mar é salgado é uma coisa, entrar e poder comprovar isso é outra bem diferente.

CONCLUSÃO

Na realidade, o mar é uma excelente metáfora para essa discussão. É um território traiçoeiro. Ele limpa a energia, é excelente para relaxar e se divertir. No entanto, caso se deixe levar pelo mar, certamente acabará se afundando. Isso também se aplica ao mundo dos negócios. Empreender é maravilhoso, gerenciar uma empresa também. No entanto, se você se permitir ser levado e não estiver preparado para administrar seu negócio, assim como deve estar para mergulhar no mar, seu empreendimento afundará.

Portanto, o objetivo deste livro foi destacar os pontos críticos a serem aprendidos sobre o seu negócio. Quero mostrar como a sua mente está sabotando você, mas quero que saiba que esta não é uma obra motivacional. Não estou aqui para dizer "vamos lá, se olhe no espelho e veja como é capaz de ir além!". O propósito principal deste livro foi fornecer as ferramentas essenciais para escalonar seu negócio, assim como faço em meus eventos e imersões de três dias.

Estou extremamente grato por você ter chegado até o fim, mas quero poder ajudá-lo mais e continuar mantendo-o em movimento. Nos vemos no próximo evento?

Um beijo gordo. Encontro você no topo.

Compartilhando propósitos e conectando pessoas
Visite nosso site e fique por dentro dos nossos lançamentos:
www.gruponovoseculo.com.br

- facebook/novoseculoeditora
- @novoseculoeditora
- @NovoSeculo
- novo século editora

gruponovoseculo.com.br

Edição: 1ª
Fonte: Adobe Caslon Pro